새로 나온《기탄한자》-
어린이들로부터 사랑받는 학습지가 되겠습니다.

● **《기탄한자》를 고대하신 여러분께 감사드립니다.**

그 동안 《기탄수학》,《기탄국어》등의 교재를 사용해 보시고 《기탄한자》가 나오기를 고대하신 여러분들께 감사드립니다.

학부모님들의 열화 같은 요청에 의하여 오랜 연구와 각고끝에 드디어 《기탄한자》가 선을 보이게 되었습니다.

그 동안 저희 연구진이 할 수 있는 최선의 노력을 기울여서 만든 작품이니만큼 결코 실망시키지 않으리라 확신하며 사랑받는 학습지로 더욱 심혈을 기울여 나가겠습니다.

● **한자를 모르고는 공부를 잘 할 수 없습니다.**

학부모님들도 잘 아시다시피, 우리말의 약 70% 정도가 한자어로 구성되어 있으며 수학, 사회, 과학 등 각 교과서의 학습용어 대부분이 한자로 되어 있습니다.

따라서 한자를 초등 학교 저학년 때부터 미리 알면 어휘를 정확하게 이해하게 되어 언어생활을 바르게 할 수 있게 됩니다. 뿐만 아니라 다른 교과의 내용도 심도 있게 이해할 수 있는 기초 능력을 길러 주게 되어 저절로 성적이 쑥쑥 향상될 수 있습니다.

한자를 모르고는 결코 좋은 성적을 내기가 어렵습니다.

● **이제 한자 학습은 필수! 《기탄한자》로 시작해 보십시오.**

21세기는 세계의 중심축이 한자 문화권에 놓이게 될 것입니다. 따라서 공통문자 또는 국제문자로서의 한자의 역할이 증대될 것입니다. 《기탄한자》는 이러한 국제 사회의 흐름에 발맞추어 한자를 쉽고 재미있게 정복할 수 있도록 9단계 교재로 엮어 놓았습니다.

적은 비용으로 최고효과를 거둘 수 있도록 기획된 《기탄한자》, 지금 곧 시작해 보십시오.

《기탄한자》 –
개인별 · 능력별 프로그램식 학습교재입니다.

1 모두 9단계의 교재로 만들었습니다.

《기탄한자》는 A단계에서 I단계까지 총 9단계로 구성된 학습지입니다.

각 단계는 모두 4권으로 4개월 동안 학습할 수 있게 구성되어 있으며, A단계부터 I단계까지 모두 36권으로 36개월(3년) 정도가 소요됩니다.

2 1주일에 4자씩, 1달에 16자, 1년에 200여 한자를 익힐 수 있습니다.

《기탄한자》는 1주일에 4자씩 새로운 한자를 익히게 구성되어 있어서, 1달 과정이 끝나면 16자의 한자를 익힐 수 있습니다.

한 단계는 4권으로 구성되어 있어 모두 600여 한자를 학습할 수 있습니다.

※ G~I단계에는 한 주에 5자씩 수록되어 있습니다.

3 기초한자 학습부터 한자급수시험까지 상세하고 완벽하게 대비하였습니다.

《기탄한자》의 총 9단계 중 A~C단계 교재는 새로이 발표된 교육부 선정 한자를 위주로 하여 초등 학교 저학년 어린이들에게 필요한 기초 생활한자를, D~F단계 교재는 초등 학교 고학년 어린이들에게 필요한 기초 생활한자를 익힐 수 있도록 구성되어 있으며, G~I단계 교재는 한자급수시험 대비를 겸하여 꾸며져 있습니다.

4 부담없는 반복 학습으로 효과가 확실합니다.

《기탄한자》는 매주 부담없게 4~5자씩 새로운 한자를 익히며 그 동안 배운 한자를 다양한 학습 방법을 통하여 반복해서 익힐 수 있도록 재미있게 구성하였습니다.

■ 기탄한자 단계별 학습내용 ■

A~C단계	초등 학교 저학년에게 필요한 교육부 선정 한자 192자 및 부수 학습
D~F단계	초등 학교 고학년에게 필요한 교육부 선정 한자 192자 및 부수 학습
G~I단계	교육부 선정 240자 위주. 한자급수시험 대비

《기탄한자》는 치밀하게 계산된 학습 시스템으로 일반 학습 교재와는 전혀 다릅니다.

1 자신감이 생기는 학습

한자문맹「흔들리는 교육」이란 제목 하에 우리 나라 최고 명문대에서 학생들이 한자를 제대로 알지 못해서 수업이 제대로 되지 못한 사건이 발생했다고 신문에 기사화 되어 충격을 준 적이 있습니다.

현재 대부분의 학생들은 물론 일반인들까지 부모나 형제 자매의 이름을 제대로 쓰는 사람이 드물다는 것이 전문가들의 대체적인 시각입니다.

《기탄한자》로 지금 시작해 보십시오.

초등 학교 때부터 하루 10분 정도만 학습하면 한자가 익숙해져 자연스럽게 한자문맹에서 해방됩니다. 초등 학교 때부터 자연스럽게 신문이나 잡지도 볼 수 있게 되어 자신감이 생기고 따라서 성적도 쑥쑥 올라가게 됩니다.

《기탄한자》, 자녀에게 자신감을 키워줍니다.

2 올바른 학습 습관이 생기는 학습

《기탄한자》는 어린이들에게 한자학습이 재미있고 흥미로운 것이라는 인식을 심어 줄 수 있도록 다양한 형식과 체제로 구성하였습니다. 따라서 가정에서는 어린이의 생활습관을 규칙적으로 꾸며 가도록 지도해 주시는 것이 중요합니다.

《기탄한자》로 매일 일정한 시간에 일정량을 꾸준히 공부하다 보면 생활 리듬이 일정해져 공부시간도 틀에 잡히고 효과적인 학습도 가능해져 '몸에 맞는' 올바른 학습습관이 생기게 됩니다.

3 집중력이 생기는 학습

공부는 많이 하는데 성적이 오르지 않는 어린이는 집중력이 약하기 때문입니다.

《기탄한자》는 매일 2~3장을 10분안에 학습하는 훈련을 반복함으로써 자연스럽게 집중력이 최고로 강화될 수 있도록 하였습니다.

《기탄한자》는 매일 10분 학습으로 집중력을 길러주는 학습 시스템입니다.

4 창의력이 생기는 완전학습

창의력이란 아무것도 없는 데서 새로운 것을 찾는 능력이 아니라 이미 알고 있는 것에서 조금 다른 것을 찾는 능력이라고 합니다.

이러한 창의력은 어떻게 생길까요? 바로 다양한 체험을 통해서 가능해집니다.

《기탄한자》는 다양한 학습체험을 통해 읽고, 쓰고, 깨달음으로써 자연스럽게 창의력을 키워주어 완전학습으로 나가게 해줍니다.

교재 학습 방법

1 교재 선택

처음 한자 학습을 시작하는 어린이는 교재의 첫부분 A단계부터 시작해 주십시오.

그 동안 한자 학습을 진행한 어린이는 자신의 능력과 수준에 맞추어 교재를 선택하되 학습자의 능력보다 약간 낮은 단계부터 시작하는 것이 효과적입니다. 학습자의 능력보다 수준이 높은 교재를 선택하면 공부에 흥미를 잃어 중도에서 포기하기 쉽습니다.

2 교재 활용

교재는 한 권이 4주분으로 한 달간 학습할 수 있도록 편집되어 있습니다. 교재를 구입하시면 주저하지 마시고 먼저 1주일 분량씩 분리해서 매주 1권씩 어린이에게 주십시오. 한꺼번에 교재를 주면 어린이가 부담스러워 학습을 미루거나 포기하기 쉽습니다(교재가 잘 나누어지도록 제작되어 있음).

3 교재 학습

매주 새로운 한자를 4~5자씩 배울 수 있게 계획되어 있습니다. 매일 일정한 시간을 정해놓고 하루에 2~3장씩 10분 정도 학습할 수 있게 지도해 주십시오. 매일 배운 한자를 여러 형태로 음과 뜻, 짜임, 활용 등을 활용 반복해서 학습할 수 있게 되어 있으므로 밀리지 않고 차근차근 따라하면 기초 한자를 쉽게 정복할 수 있습니다. 어린이의 학습의욕과 성취도에 따라 학습량을 조절해 주시되 무리하게 학습을 시키지 않도록 유의해 주시고 스스로 공부하는 바른 습관이 붙도록 해 주십시오.

4 자녀의 학습 관리

어머니는 이 세상의 그 어느 선생님보다도 더 훌륭한 최상의 선생님으로 어머니의 사랑으로 자녀를 가르칠 때 그 효과가 가장 높다는 것이 교육학자들의 일반적인 견해입니다. 자녀들이 학습한 내용들을 일 주일에 한 번씩 날짜를 정해놓고 5~10분간만 투자해서 확인해 주시고 관심을 보여 주십시오. 그리고 칭찬해 주십시오. 칭찬을 잘 하는 어머니가 공부를 잘 가르치는 최고의 선생님이란 것을 잊지 마십시오. 어머니의 관심도에 비례해서 자녀의 한자실력이 쑥쑥 자라난다는 것도 잊지 마세요.

학습을 시작하기 전에 꼭 읽어 주세요

다음에 소개되는 내용을 꼭 외울 필요는 없습니다.
금방 이해가 가지 않는 내용도 있을 것입니다.
그러나 교재를 풀다 보면, '아하! 그 말이었구나.' 하고
느끼면서 저절로 알게 될 내용들입니다.
그러나 중요한 것이라서 자주 보고 읽어 두어야 합니다.
그래야만 한자를 쉽게 익힐 수 있으니까요.

1. 한자의 3요소

한자는 3가지 중요한 것으로 구성되어 있습니다. 한자 공부를 잘 하려면
이 3가지를 항상 같이 익혀야 합니다.

(1)한자의 뜻(훈) (2)한자의 소리(음) (3)한자의 모양(형)

한자의 뜻(훈)	메(산의 옛말)
한자의 소리(음)	산

2. 한자는 이렇게 만들어졌다.

모든 한자는 크게는 3가지, 작게는 6가지 원칙으로 만들어진 글자입니다.

(1) 기본 한자

1)눈에 보이는 사물을 본떠서 만들었습니다.

날 일(日) 등이 그러합니다.

2)눈에는 보이지 않지만, 뜻을 부호로 표시했습니다.

한 일(一), 위 상(上) 등이 그러합니다.

(2) 합쳐서 만든 한자

1)이미 만들어진 사물 모양의 한자들을 합쳐서 만들었습니다.
동녘 동(東), 수풀 림(林) 등이 그러합니다.
2)사물 모양의 한자와 부호 한자를 합쳐서 만들었습니다.
한자의 음(소리)은 합쳐진 한자 중 하나와 같습니다.
물을 문(問), 공 공(功) 등이 그러합니다.

(3) 운용 한자

1)어떤 한자에 다른 뜻과 다른 소리를 내도록 만든 한자로서
원래 한자의 뜻과 관계가 있습니다.

> 예 惡이란 한자는 원래 '악할 악' 자입니다. 그러나 악한 사람들을 모두가 미워한다는 뜻으로 '미워할 오' 자로도 씁니다.

2)외국어로 표기할 때 원래의 뜻과는 아무 상관 없이 비슷한 한자로 표시합니다.

> 예 미국을 한자로 美國이라고 쓴 이유는 美國이 중국말로 '음메이꿔' 라는 소리가 나기 때문입니다. 즉 '아메리카' 라는 발음이 가장 가까운 것이 美國이란 한자입니다.

3. 획이란 무엇인가요?

펜을 떼지 않고 한 번에 쓸 수 있는 점이나 선을 획이라고 합니다. 한자의 획수란 그 한자의 총 획이 몇 번인가를 말합니다.
획수는 한자 사전에서 모르는 한자를 찾을 때 다음에 소개할 부수(部首)만큼 중요한 것입니다.

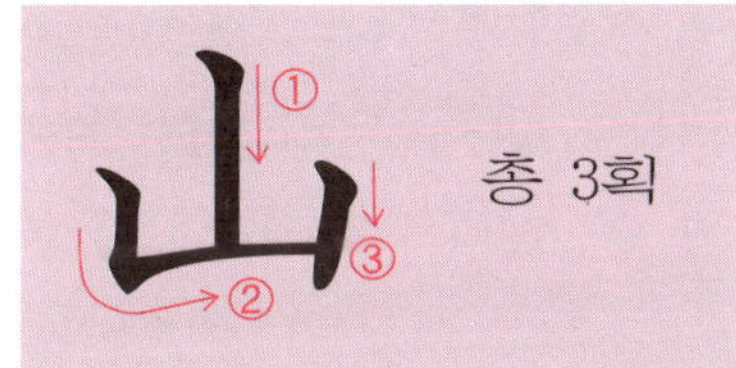

예 메 산 山의 획수   총 3획

4. 부수(部首)를 알면 한자가 보인다.

(1) 부수(部首)란 무엇인가?

앞으로 이 책에는 부수(部首)란 말이 매우 많이 나옵니다. 그만큼 한자에서는 부수(部首)가 중요하다는 뜻이겠지요? 그렇다면 부수(部首)란 도대체 무엇일까요?

부수(部首)란 합쳐서 만들어진 한자 중에서 서로 공통되는 부분을 말합니다.

예를 들어, 큰산 악(岳), 언덕 안(岸), 봉우리 봉(峰), 고개 현(峴) 등에는 공통적으로 메 산(山)이 들어 있지요? 그리고 예를 든 모든 한자가 산(山)과 관계가 있음을 알 수 있습니다.

(2) 부수(部首)의 종류

부수(部首)는 놓이는 위치에 따라서 그 이름이 달라집니다.

변
한자의 왼쪽에 위치한 부수를 변이라고 합니다.
예) 바다 해 海(氵 물 수변, 삼수변)

방
한자의 오른쪽에 위치한 부수를 방이라고 합니다.
예) 고을 군 郡(阝 우부방)

머리

한자의 위쪽에 위치한 부수를 머리라고 합니다.
예) 편안할 안 安(宀 갓머리, 집 면)

엄

한자의 위에서 왼쪽 아래로 걸쳐진 부수를 엄이라고 합니다.
예) 사람 자 者(耂 늙을 로엄)

발

한자의 밑에 위치한 부수를 발이라고 합니다.
예) 충성할 충 忠(心 마음 심발)

받침

한자의 왼쪽에서 아래로 걸친 부수를 받침이라고 합니다.
예) 멀 원 遠(辶 책받침)

에울몸

한자의 전체를 에워싸고 있는 부수를 에울몸이라고 합니다.
예) 넉 사 四(囗 에울 위, 큰입 구몸)

제부수

그 한자의 자체가 부수인 것을 제부수라고 합니다.
예) 높을 고 高(高 높을 고부수)

A 단계 교재 A61a-A75b

이번 주에 배울 한자

大	小	牛	力
큰 대	작을 소	소 우	힘 력

금주평가	읽 기	쓰 기	이번 주는?
	Ⓐ 아주 잘함	Ⓐ 아주 잘함	· 학습방법 ❶ 매일매일 ❷ 가끔 ❸ 한꺼번에 - 하였습니다.
	Ⓑ 잘함	Ⓑ 잘함	· 학습태도 ❶ 스스로 잘 ❷ 시켜서 억지로 - 하였습니다.
	Ⓒ 보통	Ⓒ 보통	· 학습흥미 ❶ 재미있게 ❷ 싫증내며 - 하였습니다.
	Ⓓ 부족함	Ⓓ 부족함	· 교재내용 ❶ 적합하다고 ❷ 어렵다고 ❸ 쉽다고 - 하였습니다.

♣ 지도 교사가 부모님께	♣ 부모님이 지도 교사께

종합평가	Ⓐ 아주 잘함	Ⓑ 잘함	Ⓒ 보통	Ⓓ 부족함

원 교	반	이름	전화

지난 주에 배운 한자를 큰 소리로 읽으면서 써 보세요.

입 구	입 구	입 구	입 구	입 구
口				

귀 이	귀 이	귀 이	귀 이	귀 이
耳				

눈 목	눈 목	눈 목	눈 목	눈 목
目				

손 수	손 수	손 수	손 수	손 수
手				

 이번 주에 배울 한자를 큰 소리로 읽으세요.

大
큰 대

牛
소 우

力
힘 력

小
작을 소

 큰 대(大)에 대해 알아봅시다.

大 큰 대	대라고 읽습니다. 크다는 뜻입니다.

●빈 칸에 알맞은 글을 쓰세요.

大는 ☐ 라고 읽고, ☐☐ 는 뜻입니다.

大는 누워 있는 사람을 본뜬 한자입니다.

●빈 칸에 알맞은 글을 쓰세요.

大는 누운 ☐☐ 을 본뜬 한자입니다.

 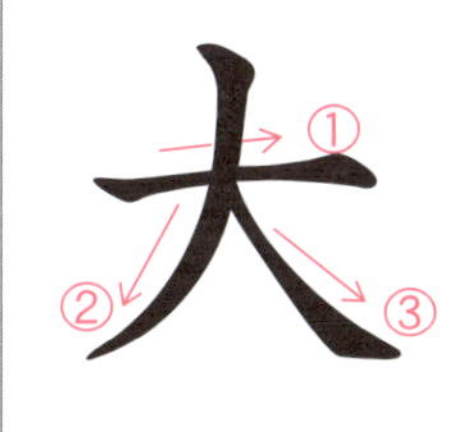

기탄 한자

A62a ❖이름: ❖날짜: ❖시간 시 분~ 시 분

😊 필순에 따라 大를 바르게 쓰세요.

종 3획

| 大 | 大 | 大 | 大 | 大 |

●뜻과 음을 소리내어 읽으면서 大를 쓰세요.

| 큰 대 | 큰 대 | 큰 대 | 큰 대 | 큰 대 |
| 大 | | | | |

| 큰 대 | 큰 대 | 큰 대 | 큰 대 | 큰 대 |
| 大 | | | | |

●빈 칸에 알맞은 한자와 뜻, 음을 쓰세요.

大		
한자	뜻	음

	큰	대
한자	뜻	음

글을 읽고, 大가 나오는 낱말을 알아봅시다.

"정말 넓은 大地(대지)로구나!"
넓은 논엔 벼가 익어 황금빛 물결이었습니다.
"역시 자연은 偉大(위대)해."
기홍이 말했습니다.
"쌀을 大量(대량)으로 생산할 수 있는 것은 자연과
사람의 힘이야."
나는 자연과 사람이 함께 어울려야만,
풍년을 이룰 수 있다고 말했습니다.

● 大地(대지):넓은 땅 ● 偉大(위대):크게 뛰어나고 훌륭함
● 大量(대량):많은 양

빈 칸에 알맞은 한자를 쓰세요.

대	지	위	대	대	량
大	地	偉	大	大	量
	地	偉			量

 흐린 글자를 따라 쓰면서 **大** 를 익히세요.

> 大는 대 라고 읽고, 크다 라는 뜻입니다.
>
> 大는 크게 누워 있는 사람 을 본뜬 한자입니다.
>
> 大의 획수는 총 3 획입니다.
>
> 大가 들어 있는 大부수 의 한자는 큰 것 과
> 관련 있습니다.

뜻과 음을 크게 읽으면서 大를 쓰세요.

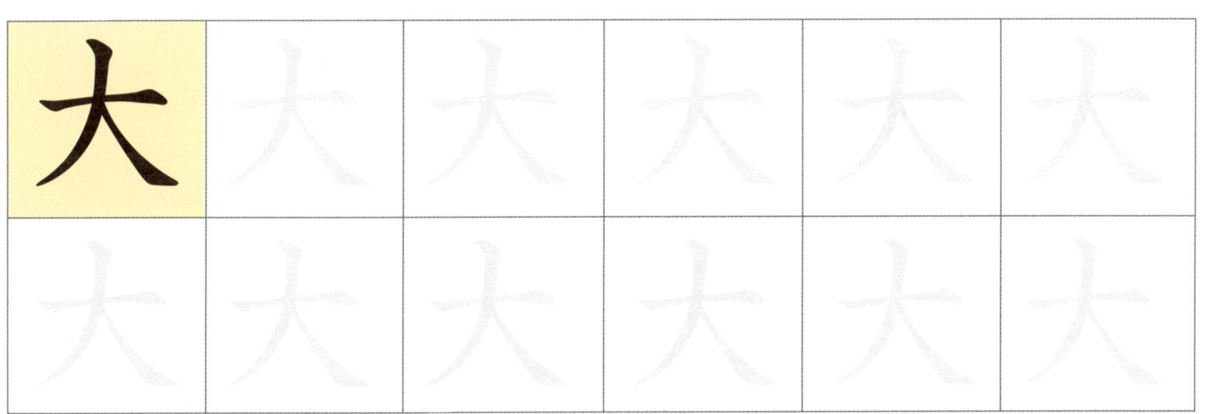

大	大	大	大	大
	大	大	大	大

😊 大부수의 한자를 알아봅시다.

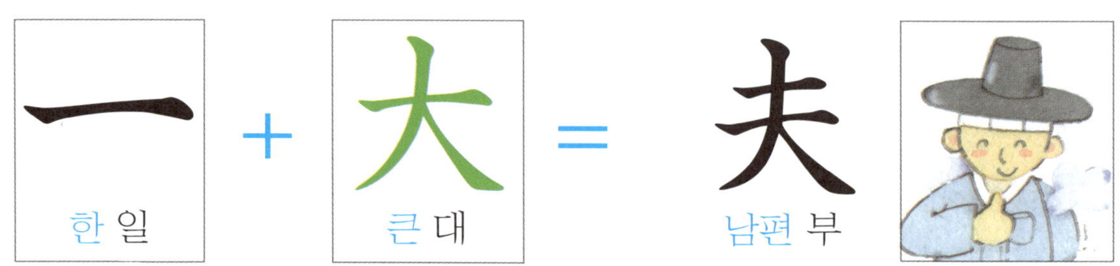

一 한 일 + 大 큰 대 = 夫 남편 부

옛날 사람들은 남편을 하늘보다 하나 더 크고 높다고 생각했습니다.

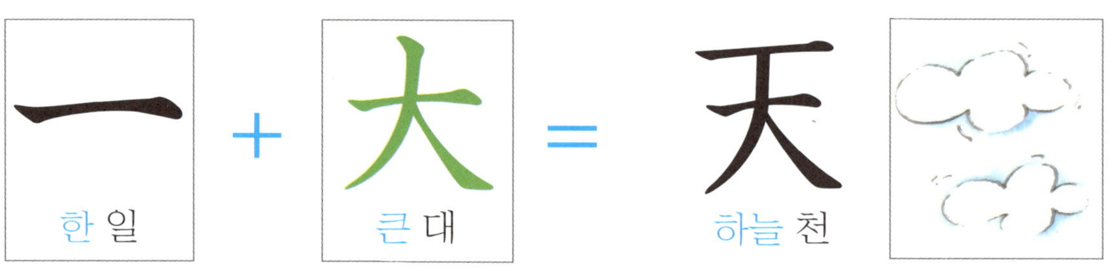

一 한 일 + 大 큰 대 = 天 하늘 천

큰 것 위에 가로막고 있는 것이 있으니, 하늘이라는 뜻이 됩니다.

😊 大부수의 한자를 찾아 ○표 하세요.

見 볼 견   盲 소경 맹   夫 남편 부   天 하늘 천

 작을 소(小)에 대해 알아봅시다.

| 小
작을 소 | 소라고 읽습니다.
작다는 뜻입니다. |  |

● 빈 칸에 알맞은 글을 쓰세요.

小는 [　] 라고 읽고, [　][　] 는 뜻입니다.

小는 작은 돌이 모여 있는 모습을 본뜬 한자입니다.

● 빈 칸에 알맞은 글을 쓰세요.

小는 [　][　] 돌을 본뜬 한자입니다.

필순에 따라 小를 바르게 쓰세요.

총 3획

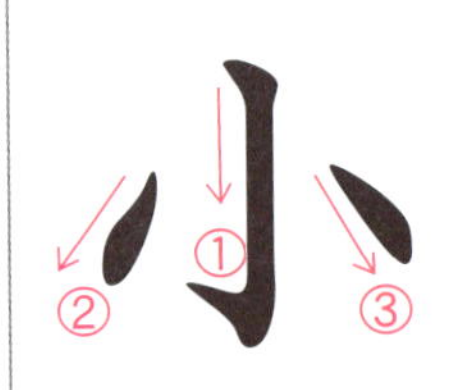	小	小	小	小

● 뜻과 음을 소리내어 읽으면서 小를 쓰세요.

작을 소	작을 소	작을 소	작을 소	작을 소
小				

작을 소	작을 소	작을 소	작을 소	작을 소
小				

● 빈 칸에 알맞은 한자와 뜻, 음을 쓰세요.

小				작을	소
한자	뜻	음	한자	뜻	음

🐞 글을 읽고, 小가 나오는 낱말을 알아봅시다.

선희 언니는 小兒(소아) 병원의 간호사예요.
사람들은 언니를 보고 알맞은 직장을 골랐다고 해요.
"선희는 어릴 때부터 남들과 달랐어."
언니는 유독 아기들을 좋아했답니다.
그래서 방에는 아기 小品(소품)들로
늘 가득했어요. 그러나 나는 小心(소심)한
선희 언니가 간호사가 된 것이 의외였어요.

● 小兒(소아) : 어린아이　● 小品(소품) : 조그만 물건
● 小心(소심) : 대담하지 못하고 겁이 많음

🐞 빈 칸에 알맞은 한자를 쓰세요.

소	아	소	품	소	심
小	兒	小	品	小	心
	兒		品		心

😊 흐린 글자를 따라 쓰면서 小를 익히세요.

> 小는 소 라고 읽고, 작다 는 뜻입니다.
>
> 小는 작은 돌 이 모여 있는 모습을 본뜬 한자입니다.
>
> 小의 획수는 총 3획입니다.
>
> 小가 들어 있는 小부수 의 한자는 작은 것 과 관련 있습니다.

😊 뜻과 음을 크게 읽으면서 小를 쓰세요.

小					

 小부수의 한자를 알아봅시다.

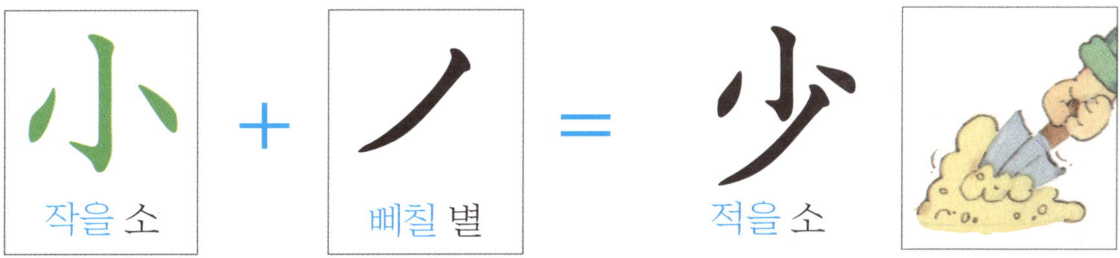

작을 소(小)에서 ノ만큼 더 덜어냈으니, 더 적다는 뜻입니다.

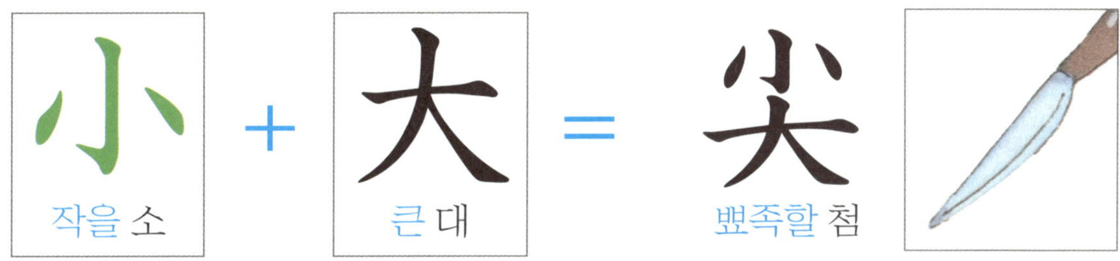

칼날이 끝은 작고, 아래는 크니 뽀족하다는 뜻입니다.

 小부수의 한자를 찾아 ○표 하세요.

少 尖 天 夫

적을 소 뽀족할 첨 하늘 천 남편 부

 소 우(牛)에 대해 알아봅시다.

牛 소 우	우라고 읽습니다. 소라는 뜻입니다.	

● 빈 칸에 알맞은 글을 쓰세요.

牛는 [ ] 라고 읽고, [ ] 라는 뜻입니다.

牛는 소 머리 모양을 본뜬 한자입니다.

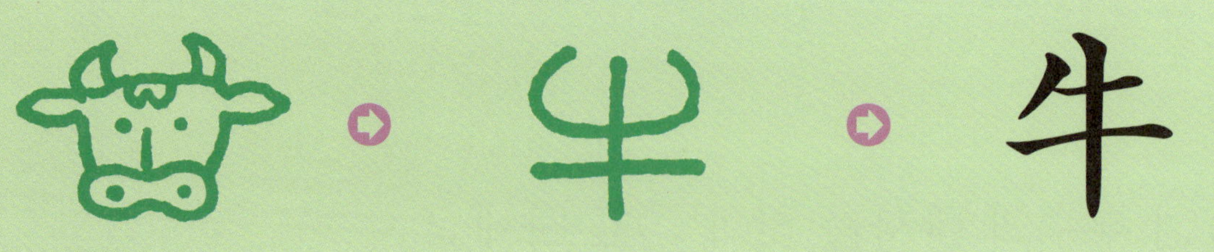

● 빈 칸에 알맞은 글을 쓰세요.

牛는 [ ] 의 머리 모양을 본뜬 한자입니다.

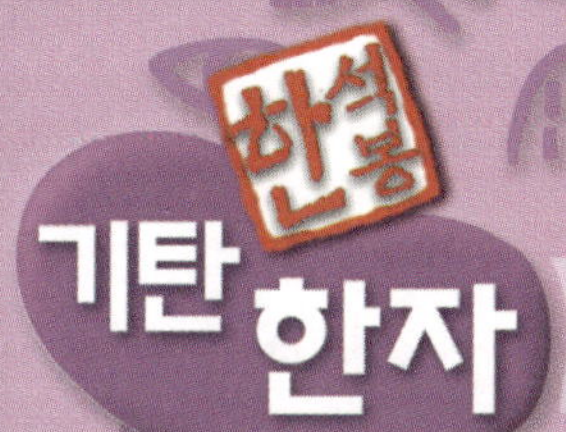

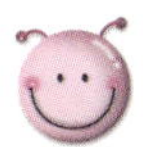

필순에 따라 牛를 바르게 쓰세요.

총 4획

牛 ①②③④	牛	牛	牛	牛

●뜻과 음을 소리내어 읽으면서 牛를 쓰세요.

소 우	소 우	소 우	소 우	소 우
牛				
소 우	소 우	소 우	소 우	소 우
牛				

●빈 칸에 알맞은 한자와 뜻, 음을 쓰세요.

牛				소	우
한자	뜻	음	한자	뜻	음

글을 읽고, 牛가 나오는 낱말을 알아봅시다.

넓은 목장에 소떼들이 음메 음메.

牛舍(우사)에선 송아지가
牛乳(우유) 달라고 음메에.

아이들아 비켜라
牛角(우각)에 받힐라.

● 牛舍(우사):소 외양간　● 牛乳(우유):소 젖　● 牛角(우각):소 뿔

빈 칸에 알맞은 한자를 쓰세요.

우	사	우	유	우	각
牛	舍	牛	乳	牛	角
	舍		乳		角

😊 흐린 글자를 따라 쓰면서 牛를 익히세요.

牛는 우 라고 읽고, 소 라는 뜻입니다.

牛는 소의 머리 를 본뜬 한자입니다.

牛의 획수는 총 4획입니다.

牛가 들어 있는 牛부수 의 한자는 소 와 관련있습니다.

😊 뜻과 음을 크게 읽으면서, 牛를 쓰세요.

牛	牛	牛	牛	牛	牛
牛	牛	牛	牛	牛	牛

😊 牛부수의 한자를 알아봅시다.

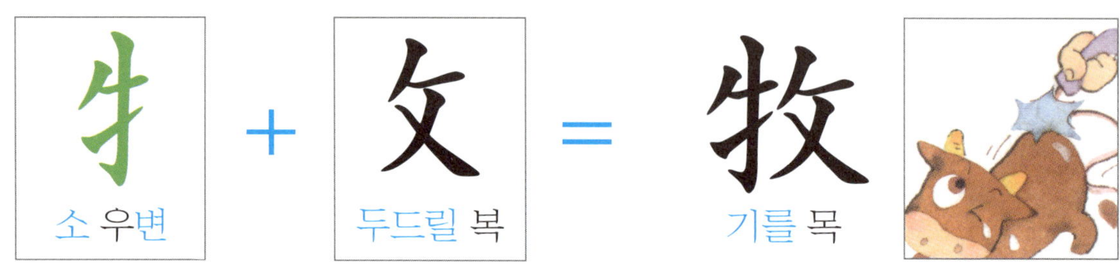

牛 소 우변 ＋ 攵 두드릴 복 ＝ 牧 기를 목

소를 두들겨서 기른다는 뜻입니다.

참고 牛부수는 牜(소우변)으로도 씁니다. 攵 부수는 둥글월문방이라고 합니다.

牛 소 우 ＋ 生 날(살) 생 ＝ 牲 희생 생

옛날에는 하늘에 제사를 지낼 때, 살아 있는 소를 희생물로 바쳤답니다.

😊 牛부수의 한자를 찾아 ○표 하세요.

少 적을 소　　牲 희생 생　　尖 뾰족할 첨　　牧 기를 목

 힘 력(力)에 대해 알아봅시다.

力
힘 력

력 또는 **역**이라고 읽습니다.
힘이라는 뜻입니다.

● 빈 칸에 알맞은 글을 쓰세요.

力은 ☐ 또는 ☐ 이라고 읽고,

☐ 이라는 뜻입니다.

力은 팔의 알통 모양을 본뜬 한자입니다.

● 빈 칸에 알맞은 글을 쓰세요.

力은 팔의 ☐☐ 을 본뜬 한자입니다.

필순에 따라 力을 바르게 쓰세요.

총 2획

力 ② ①

力 力 力 力

● 뜻과 음을 소리내어 읽으면서 力을 쓰세요.

힘 력	힘 력	힘 력	힘 력	힘 력
力				

힘 력	힘 력	힘 력	힘 력	힘 력
力				

● 빈 칸에 알맞은 한자와 뜻, 음을 쓰세요.

力		
한자	뜻	음

	힘	력
한자	뜻	음

글을 읽고, 力이 나오는 낱말을 알아봅시다.

전국 체육 대회 때였습니다. 전라 북도 순창 중학교가
力道(역도) 경기에서 금메달을 휩쓸었습니다.
그 학교의 力道 선수들이
끊임 없이 努力(노력)하고,
全力(전력)을 다한 결과였습니다.
어떤 일에서나 그러한 努力이 없이는
좋은 결과를 기대할 수 없습니다.

● 力道(역도) : 역기를 들어 올리는 경기　● 努力(노력) : 힘을 다하여 애씀
● 全力(전력) : 가지고 있는 모든 힘

빈 칸에 알맞은 한자를 쓰세요.

역	도	노	력	전	력
力	道	努	力	全	力
	道	努		全	

흐린 글자를 따라 쓰면서 力 을 익히세요.

力은 력 또는 역 이라고 읽고, 힘 이라는 뜻입니다.

力은 힘을 나타내는 팔의 알통 을 본뜬 한자입니다.

力의 획수는 총 2 획입니다.

力이 들어 있는 力부수 의 한자는 힘 과 관련 있습니다.

뜻과 음을 크게 읽으면서, 力을 쓰세요.

力	力	力	力	力
	力	力	力	力

 力부수의 한자를 알아봅시다.

且 (또 차) + 力 (힘 력) = 助 (도울 조)

힘에다 또 힘을 보태니, 도움이 됩니다.

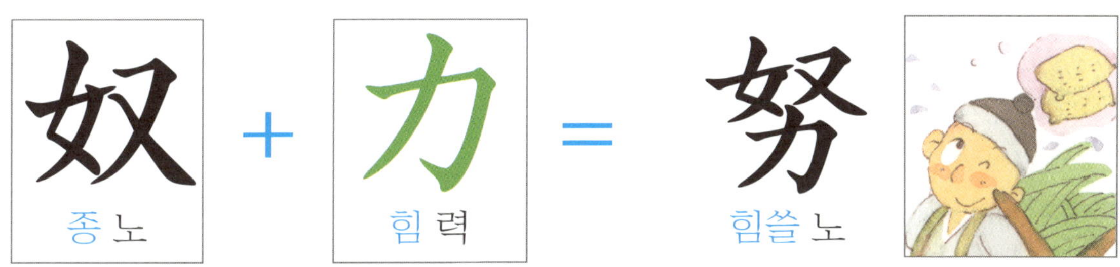

奴 (종 노) + 力 (힘 력) = 努 (힘쓸 노)

종(노예)에게 힘을 더 주어, 노력하게 한다는 뜻입니다.

力부수의 한자를 찾아 ○표 하세요.

努 (힘쓸 노) 牲 (희생 생) 牧 (기를 목) 助 (도울 조)

뜻과 음을 읽으면서, 이번 주에 배운 한자를 쓰세요.

큰 대	큰 대	큰 대	큰 대	큰 대
大				

작을 소	작을 소	작을 소	작을 소	작을 소
小				

소 우	소 우	소 우	소 우	소 우
牛				

힘 력	힘 력	힘 력	힘 력	힘 력
力				

그림과 관계 있는 한자를 선으로 이으세요.

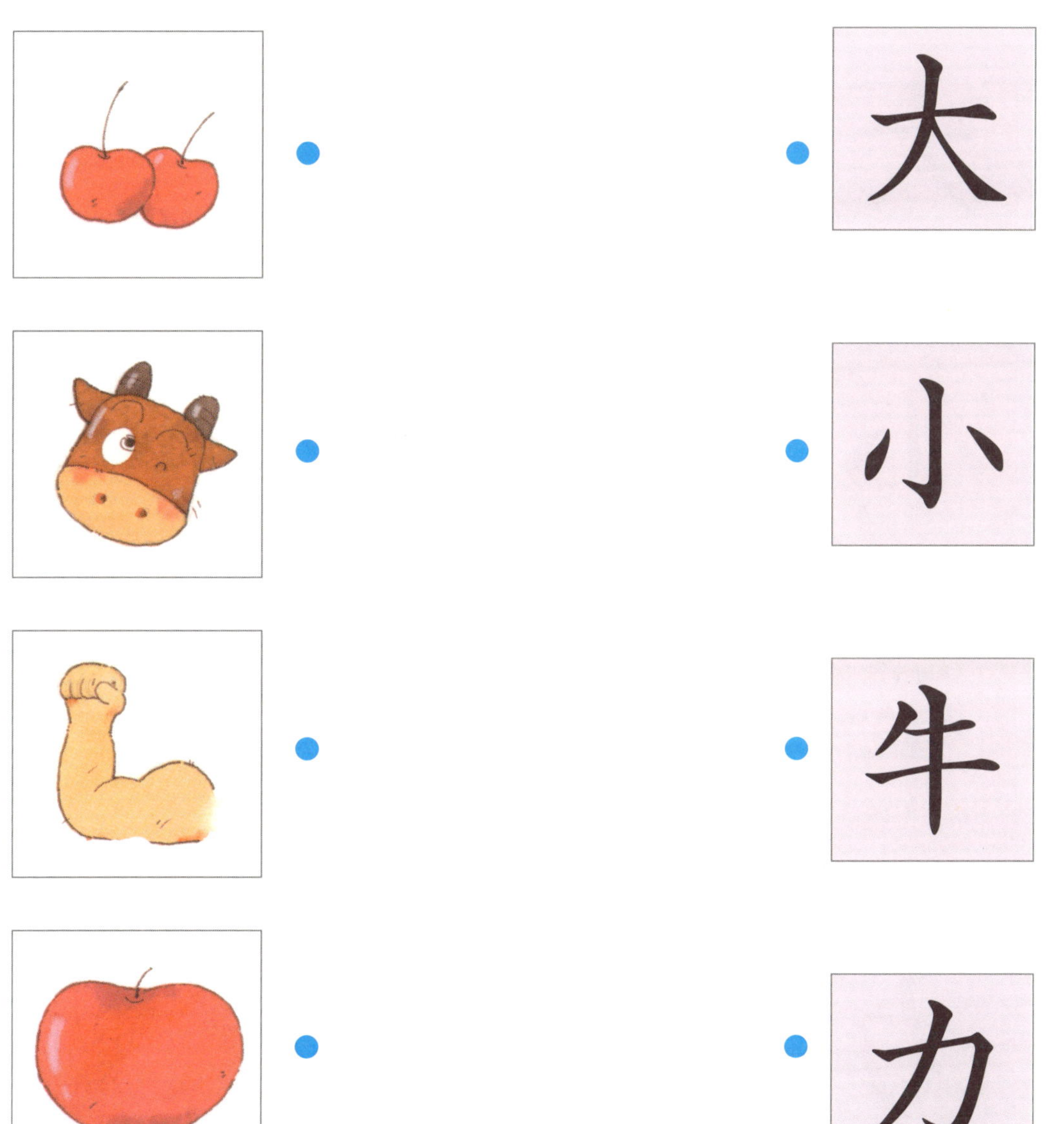

부수가 같은 한자끼리 선을 이으세요.

大
큰 대

小
작을 소

牛
소 우

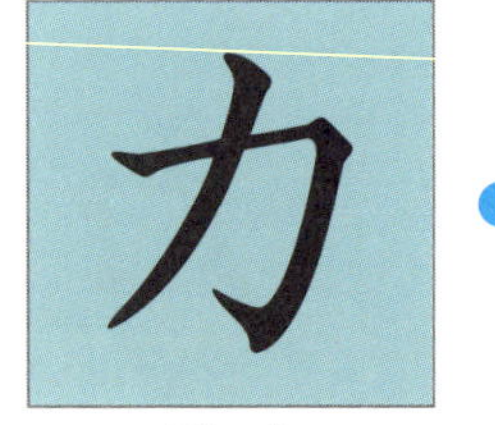

力
힘 력

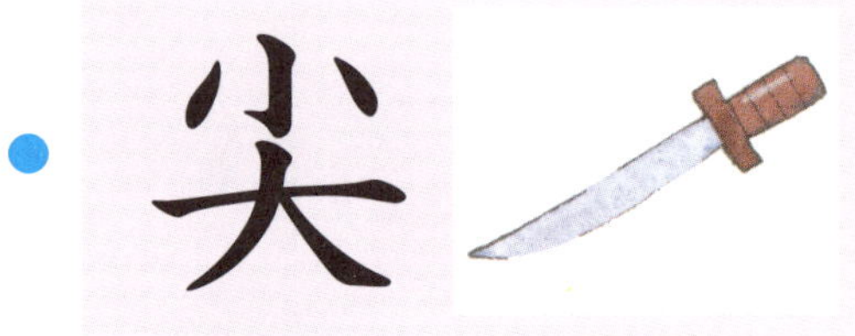

尖
뾰족할 첨

天
하늘 천

努
힘쓸 노

牧
기를 목

빈 칸에 알맞은 한자를 쓰세요.

대	지
	地

우	유
	乳

소	아
	兒

역	도
	道

동화를 읽고, 빈 칸에 알맞은 한자를 쓰세요.

제 꾀에 제가 넘어간 소

努力(노력)은 하지 않고, 꾀를 자주 부리는 소가 있었어요.
어느 날, 주인이 소 안장에 大量(대량)의 솜을 실었어요.
시장에 내다 팔기 위해서였어요.
'에이! 또 일을 시키는구나. 귀찮아 죽겠네.'
소는 또 꾀를 내었어요. 냇물을 건너다가 일부러 풍덩 빠졌어요.
그러면 주인이 짐을 내려 줄 것이라고 생각한 거예요.
이것을 본 주인은 매우 화를 냈어요.
"牛乳(우유)도 못 만드는 소가 일도 못해?"
그리고 짐을 내리기는커녕 일어나라고 매질을 했어요.
 물 먹은 솜의 무게는 더욱 무거웠어요.
소는 낑낑거리면서 시장까지 갔어요.
소는 여물도 얻어먹지 못한 채 쭈그리고 앉아서 후회를 했어요.
'小小(소소: 자질구레함)한 꾀를 냈다가 오히려 손해를 보았어.'

큰 대	작을 소	소 우	힘 력

보기에 따라 색칠하세요.

보기 **大**:파랑색, **小**:노랑색, **牛**:빨강색, **力**: 주황색

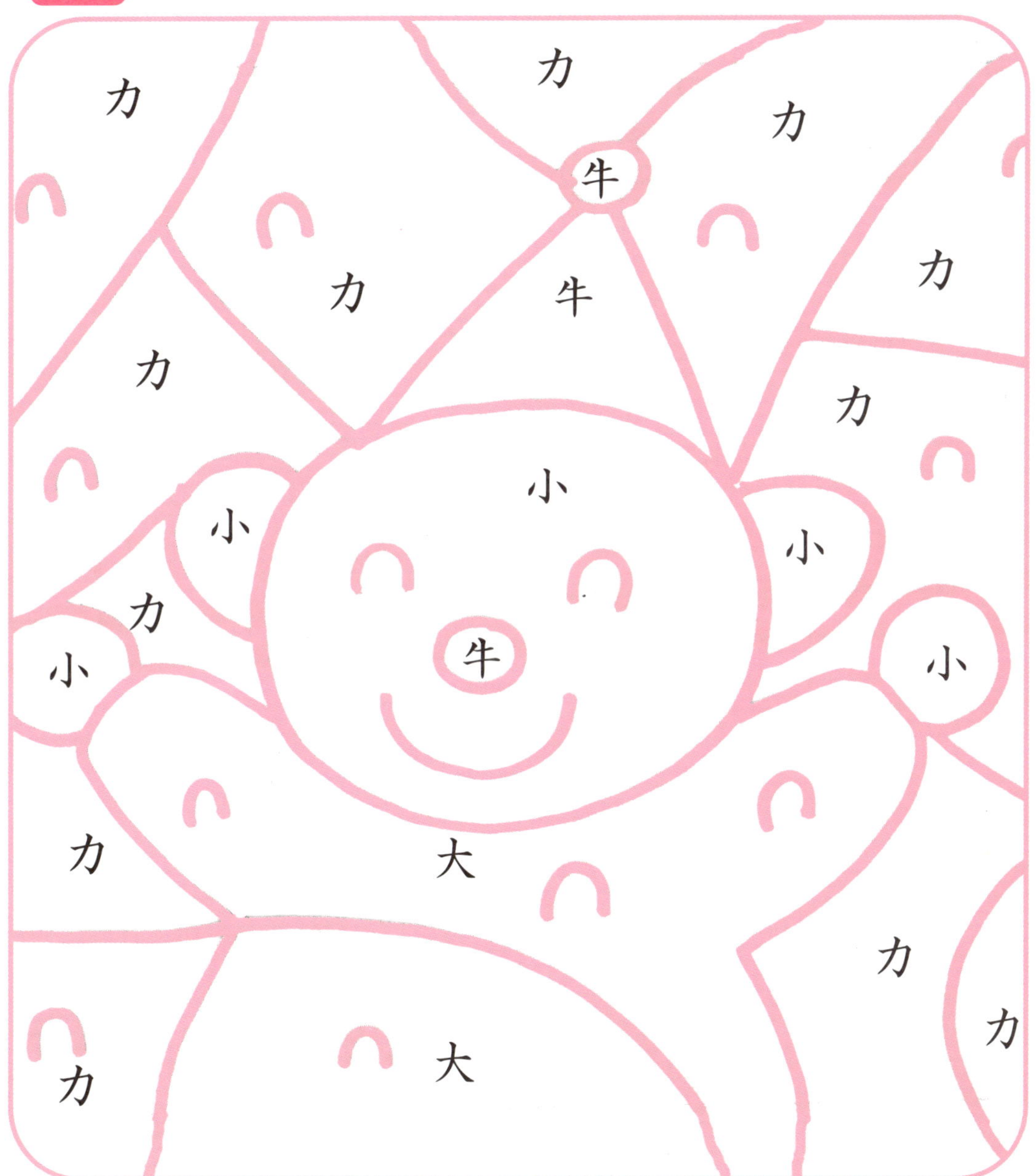

서로 알맞은 것끼리 선을 이으세요.

大　小　牛　力

크다　소　힘　작다

소　력　대　우

빈 칸에 알맞은 부수를 쓰세요.

😊 엄마 젖을 짜 먹었지요.

피고는 한 살 때부터 목장에서 일만 했어요.

그런데 도시에서 그런 일을 벌였다구요?

小兒 때부터 목장 일을 했다구요?
아차!

무, 물론이지요,

그 나이에 牛乳라도 짰나요?

牛乳는 아니지만 엄마 젖을요,
하하하!

기탄한자

이번 주에 배울 한자

士	工	心	夕
선비 사	장인 공	마음 심	저녁 석

금주평가	읽 기	쓰 기	이번 주는?
	Ⓐ 아주 잘함	Ⓐ 아주 잘함	· 학습방법 ❶ 매일매일　❷ 가끔　❸ 한꺼번에 - 하였습니다.
	Ⓑ 잘함	Ⓑ 잘함	· 학습태도 ❶ 스스로 잘　❷ 시켜서 억지로 - 하였습니다.
	Ⓒ 보통	Ⓒ 보통	· 학습흥미 ❶ 재미있게　❷ 싫증내며 - 하였습니다.
	Ⓓ 부족함	Ⓓ 부족함	· 교재내용 ❶ 적합하다고　❷ 어렵다고　❸ 쉽다고 - 하였습니다.

♣ 지도 교사가 부모님께	♣ 부모님이 지도 교사께

종합평가	Ⓐ 아주 잘함	Ⓑ 잘함	Ⓒ 보통	Ⓓ 부족함

원
교　　　반　이름　　　전화

지난 주에 배운 한자를 큰 소리로 읽으면서 써 보세요.

큰 대	큰 대	큰 대	큰 대	큰 대
大				

작을 소	작을 소	작을 소	작을 소	작을 소
小				

소 우	소 우	소 우	소 우	소 우
牛				

힘 력	힘 력	힘 력	힘 력	힘 력
力				

 이번 주에 배울 한자를 큰 소리로 읽으세요.

夕 저녁 석

工 장인 공

土 선비 사

心 마음 심

선비 사(士)에 대해 알아봅시다.

| 士 선비 사 | 사라고 읽습니다.
선비라는 뜻입니다. |

● 빈 칸에 알맞은 글을 쓰세요.

士는 [ ] 라고 읽고, [ ] [ ] 라는 뜻입니다.

士는 하나를 들으면 열을 안다는 뜻으로, 열 십(十)과 한 일(一)을 합쳐서 만든 한자입니다.

● 빈 칸에 알맞은 한자를 쓰세요.

士는 [ ] 과 [ ] 을 합친 한자입니다.

😊 필순에 따라 土를 바르게 쓰세요.

총 3획

● 뜻과 음을 소리내어 읽으면서 土를 쓰세요.

선비 사	선비 사	선비 사	선비 사	선비 사
土				

선비 사	선비 사	선비 사	선비 사	선비 사
土				

● 빈 칸에 알맞은 한자와 뜻, 음을 쓰세요.

土				선비 사	
한자	뜻	음	한자	뜻	음

글을 읽고, 士가 나오는 낱말을 알아봅시다.

저 紳士(신사)의 집안에는 석사가 둘.
그래서 늘 뻐기고 다니지.
저 兵士(병사)의 겉모습은
초라하지만 문학 博士(박사)라네.
겉모습을 보고 사람을 판단하는 건
좋지 않은 태도라네.

● 紳士(신사) : 점잖고 예의 바른 사람
● 兵士(병사) : 계급이 낮은 군인
● 博士(박사) : 대학원을 나와서 석사를 거치고 박사 학위 논문 시험에 합격한 사람

빈 칸에 알맞은 한자를 쓰세요.

신	사	병	사	박	사
紳	士	兵	士	博	士
紳		兵		博	

😊 흐린 글자를 따라 쓰면서 士를 익히세요.

士는 사 라고 읽고, 선비 라는 뜻입니다.

[참고] 土(흙 토)와 士(선비 사)를 잘 구분하세요.

士는 열 십(十)과 한 일(一) 이 합쳐진 한자입니다.

士의 획수는 총 3획입니다.

士가 들어 있는 士부수 의 한자는 선비 (학자)

또는 학문 과 관련 있습니다.

😊 뜻과 음을 크게 읽으면서, 士를 쓰세요.

士	士	士	士	士	士
	士	士	士	士	士

참고 士가 들어간 한자를 알아봅시다.

士
선비 사

+

心
마음 심

=

志
뜻 지

선비가 마음을 가다듬고 뜻을 세운다는 뜻이 됩니다.

志는 心(마음 심)부수의 한자입니다.

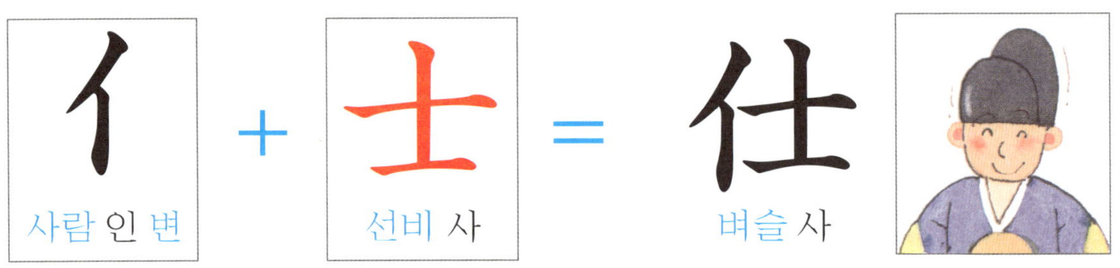

亻
사람 인 변

+

士
선비 사

=

仕
벼슬 사

선비처럼 공부를 많이 하고, 인격이 높은 사람이 벼슬을 합니다.

仕는 亻(사람 인 변)부수의 한자입니다.

士가 들어간 한자를 찾아 ○표 하세요.

努　　志　　仕　　助

힘쓸 노　　뜻 지　　벼슬 사　　도울 조

 장인 공(工)에 대해 알아봅시다.

工
장인 공

공이라고 읽습니다.
장인 이라는 뜻입니다

장인:손으로 물건을 만드는 사람

●빈 칸에 알맞은 글을 쓰세요.

工은 [ ]이라고 읽고, [ ][ ]이라는 뜻입니다.

工은 대장간의 모루(받침대)를 본뜬 한자입니다.

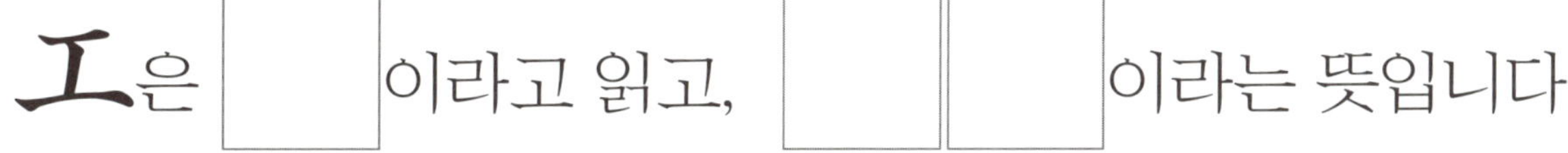

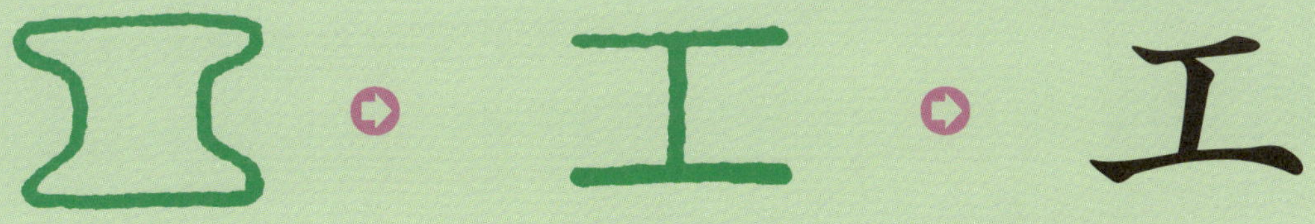

●빈 칸에 알맞은 글을 쓰세요.

工은 대장간의 [ ][ ]를 본뜬 한자입니다.

필순에 따라 工을 바르게 쓰세요.

총 3획

工	工	工	工	工

● 뜻과 음을 소리내어 읽으면서 工을 쓰세요.

장인 공	장인 공	장인 공	장인 공	장인 공
工				

장인 공	장인 공	장인 공	장인 공	장인 공
工				

● 빈 칸에 알맞은 한자와 뜻, 음을 쓰세요.

工				장인	공
한자	뜻	음	한자	뜻	음

글을 읽고, 工이 나오는 낱말을 알아봅시다.

우리 이모는 옛날에 옷 만드는 工場(공장) 女工(여공)이었대요.
工場에 다니면서 밤에는 야간 학교에 다녔다고 합니다.
그리고 같은 工場 職工(직공)이던
이모부와 결혼을 했습니다.
그리고 지금 두 분은 외국에 옷을 수출하는
큰 무역 회사를 경영하십니다.

- 工場(공장) : 많은 근로자들이 기계를 이용하여 물품을 대량으로 생산하거나 수리 · 정비하는 곳
- 女工(여공) : 여자 직공
- 職工(직공) : 공장에서 일하는 사람

빈 칸에 알맞은 한자를 쓰세요.

공	장	여	공	직	공
工	場	女	工	職	工
	場	女		職	

😊 흐린 글자를 따라 쓰면서 工을 익히세요.

工은 공 이라고 읽고, 장인 이라는 뜻입니다.

工은 대장간의 모루 를 본뜬 한자입니다.

工의 획수는 총 3획입니다.

工이 들어 있는 工부수 의 한자는 장인 또는 기술 과 관련있습니다.

😊 뜻과 음을 크게 읽으면서 工을 쓰세요.

工	工	工	工	工
	工	工	工	工

참고 工이 들어간 한자를 알아봅시다.

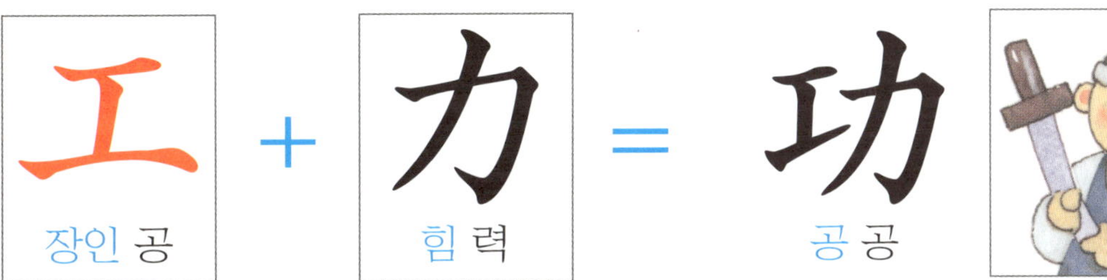

工 장인 공 + 力 힘 력 = 功 공 공

무엇을 만드는데 힘을 써서 공을 세웁니다.
功은 力 부수의 한자입니다.

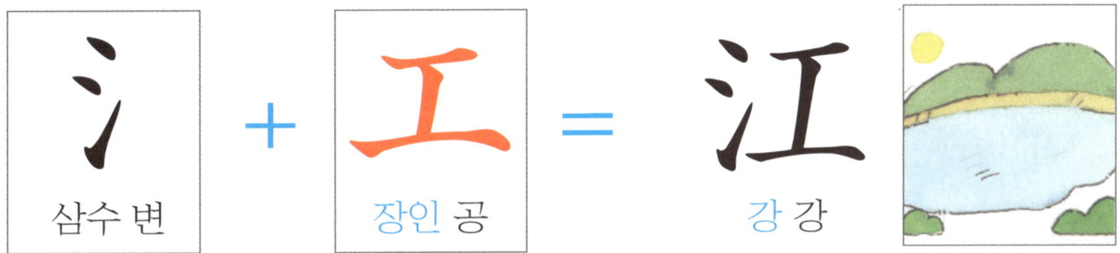

氵 삼수 변 + 工 장인 공 = 江 강 강

물이 모여 만들어진 것이 강입니다.
江은 氵(삼수 변)부수의 한자입니다.

工이 들어간 한자를 찾아 ○표 하세요.

江 강 강 仕 벼슬 사 志 뜻 지 功 공 공

😊 저녁 석(夕)에 대해 알아봅시다.

夕 저녁 석	석이라고 읽습니다. 저녁이라는 뜻입니다.	

●빈 칸에 알맞은 글을 쓰세요.

夕은 ☐ 이라 읽고, ☐ ☐ 이라는 뜻입니다.

😊 夕은 구름에 살짝 가려진 반달을 본뜬 한자입니다.

●빈 칸에 알맞은 글을 쓰세요.

夕은 ☐ ☐ 을 본뜬 한자입니다.

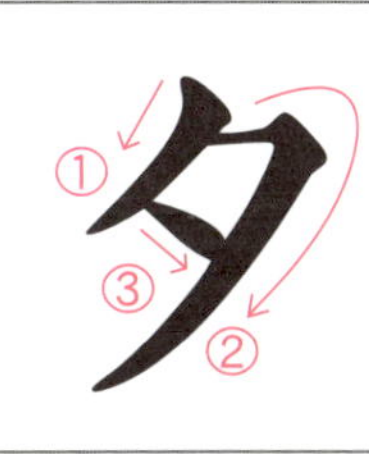

😊 필순에 따라 夕을 바르게 쓰세요.

총 3획

夕	夕	夕	夕	夕

● 뜻과 음을 소리내어 읽으면서 夕을 쓰세요.

저녁 석	저녁 석	저녁 석	저녁 석	저녁 석
夕				

저녁 석	저녁 석	저녁 석	저녁 석	저녁 석
夕				

● 빈 칸에 알맞은 한자와 뜻, 음을 쓰세요.

夕		
한자	뜻	음

	저녁	석
한자	뜻	음

글을 읽고, 夕이 나오는 낱말을 알아봅시다.

우리 아버지는 夕陽(석양)이 질 무렵에
회사에서 집으로 돌아오십니다.
아버지는 몸을 씻은 다음
늘 夕刊(석간) 신문을 보십니다.
그리고 나서 우리 가족들은 함께
모여서 맛있는 夕食(석식)을
먹는답니다.

● 夕陽(석양):저녁 해 ● 夕刊(석간):저녁에 배달되는 신문
● 夕食(석식):저녁 식사

빈 칸에 알맞은 한자를 쓰세요.

석	양	석	간	석	식
夕	陽	夕	刊	夕	食
	陽		刊		食

😊 흐린 글자를 따라 쓰면서 夕 을 익히세요.

> 夕 은 석 이라고 읽고, 저녁 이라는 뜻입니다.
>
> 夕 은 구름에 가려진 반달 을 본뜬 한자입니다.
>
> 夕 의 획수는 총 3 획입니다.
>
> 夕 이 들어 있는 夕 부수 의 한자는 저녁 과 관련있습니다.

😊 뜻과 음을 크게 읽으면서 夕을 쓰세요.

夕	夕	夕	夕	夕	夕
	夕	夕	夕	夕	夕

😊 夕부수의 한자를 알아봅시다.

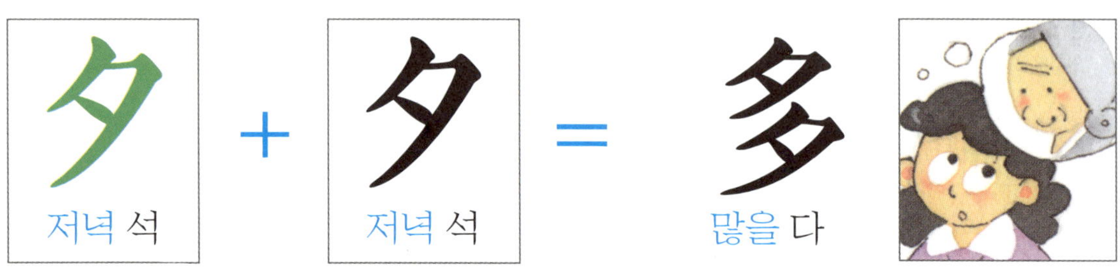

夕
저녁 석
+
夕
저녁 석
=
多
많을 다

저녁이 자꾸 겹쳐지니, 많다는 뜻입니다.

茍
+
夕
저녁 석
=
夢
꿈 꿀 몽

저녁에 풀(艹) 속에서 눈(目)을 감고(冖) 자면서 꿈을 꿉니다.

😊 夕부수의 한자를 찾아 ○표 하세요.

功　　多　　夢　　江

공 공　　많을 다　　꿈 꿀 몽　　강 강

🐝 마음 심(心)에 대해 알아봅시다.

心
마음 심

심이라고 읽습니다.
마음이라는 뜻입니다.

● 빈 칸에 알맞은 글을 쓰세요.

心은 [ ] 이라 읽고, [ ][ ] 이라는 뜻입니다.

🐝 心은 사람의 심장 모양을 본뜬 한자입니다.

● 빈 칸에 알맞은 글을 쓰세요.

心은 사람의 [ ][ ] 을 본뜬 한자입니다.

● 필순에 따라 心을 바르게 쓰세요.

총 4획

● 뜻과 음을 소리내어 읽으면서 心을 쓰세요.

마음 심	마음 심	마음 심	마음 심	마음 심

마음 심	마음 심	마음 심	마음 심	마음 심

● 빈 칸에 알맞은 한자와 뜻, 음을 쓰세요.

心		
한자	뜻	음

	마음	심
한자	뜻	음

글을 읽고, 心이 나오는 낱말을 알아봅시다.

마음의 中心(중심)을 잡아야
마음이 바로 서지요.
마음이 바로 서야
良心(양심)이 생기고
良心 대로 행동하면
安心(안심)이 되어
마음이 편해지지요.

● 中心(중심):가운데 ● 良心(양심):바른 말과 행동을 하려는 마음
● 安心(안심):마음을 편하게 가짐

빈 칸에 알맞은 한자를 쓰세요.

중	심	양	심	안	심
中	心	良	心	安	心
中		良		安	

흐린 글자를 따라 쓰면서 心을 익히세요.

心은 심 이라고 읽고, 마음 이라는 뜻입니다.

心은 사람의 심장 을 본뜬 한자입니다.

心의 획수는 총 4획입니다.

心이 들어 있는 心부수 의 한자는 마음 과 관련있습니다.

뜻과 음을 크게 읽으면서, 心을 쓰세요.

心					

 心부수의 한자를 알아봅시다.

마음이 곧고 가운데 있기 때문에 나라에 충성할 수 있습니다.

학대 받는 종(노예)의 마음은 늘 성을 내고 있습니다.

心부수 한자를 찾아 ○표 하세요.

忠　　夢　　多　　怒

충성할 충　　꿈 꿀 몽　　많을 다　　성낼 노

뜻과 음을 읽으면서, 이번 주에 배운 한자를 쓰세요.

선비 사	선비 사	선비 사	선비 사	선비 사
士				

장인 공	장인 공	장인 공	장인 공	장인 공
工				

마음 심	마음 심	마음 심	마음 심	마음 심
心				

저녁 석	저녁 석	저녁 석	저녁 석	저녁 석
夕				

 서로 맞는 것끼리 선을 이어 보세요.

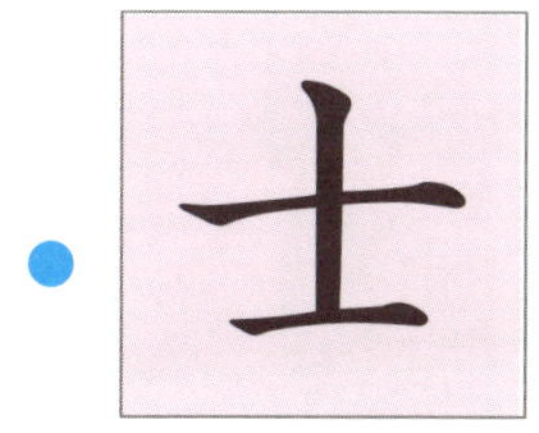　士

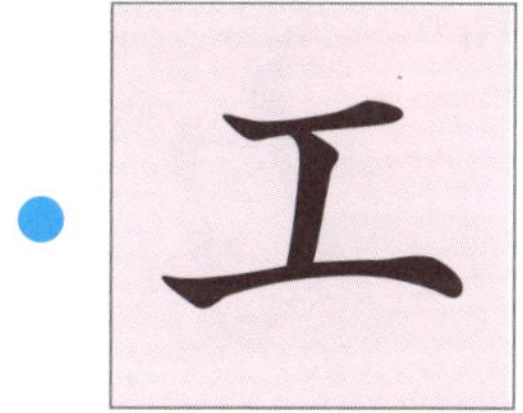　工

　心

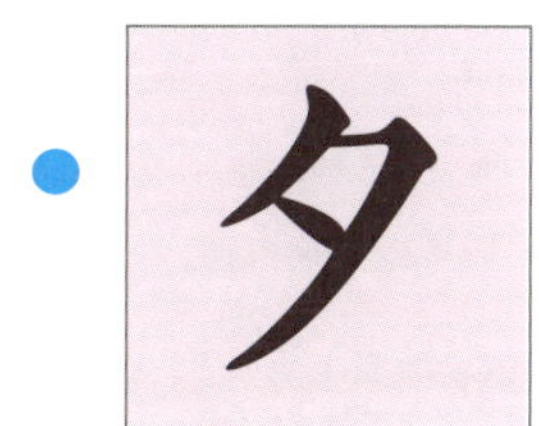　夕

서로 관계 있는 한자끼리 선을 이으세요.

亻
사람 인 변

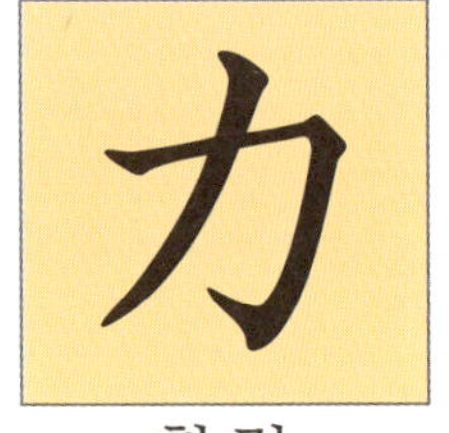
力
힘 력

心
마음 심

夕
저녁 석

功
공 공

多
많을 다

仕
벼슬 사

怒
성낼 노

빈 칸에 알맞은 한자를 쓰세요.

박	사
博	

직	공
職	

양	심
良	

석	양
	陽

😊 동화를 읽고, 빈 칸에 알맞은 한자를 쓰세요.

석공 아사달

아사달은 백제의 石工(석공)이었어요. 불국사에 탑을 만들기 위해
부인 아사녀와 헤어져서 신라로 갔습니다.
아사녀의 心情(심정)은 찢어질 것만 같았어요.
아사달이 너무 보고 싶었기 때문이에요.
아사녀는 신라로 아사달을 찾아갔어요.
그러나 불국사를 지키는 兵士(병사)가 아사녀를 막았어요.
"일이 끝날 때까지는 아무도 아사달을 만날 수 없어요."
兵士는 아사녀를 안타깝게 여겨 아사달을 볼 수 있는
방법을 가르쳐 주었어요.
"夕陽(석양)이 질 무렵에 저 연못에 가 보세요.
아사달이 일하는 모습이 물에 비칠 거예요."
 아사녀가 연못에 가보니, 정말 아사달의 모습이 물에 비쳤어요.
"아사달!"
아사녀는 그것이 아사달의 그림자라는 것도 잊은 채,
그만 물에 뛰어들었다가 죽고 말았답니다.

선비 사	장인 공	마음 심	저녁 석

보기에 따라 색칠하세요.

보기 　士:파랑색, 工:노랑색, 心:보라색, 夕: 빨강색

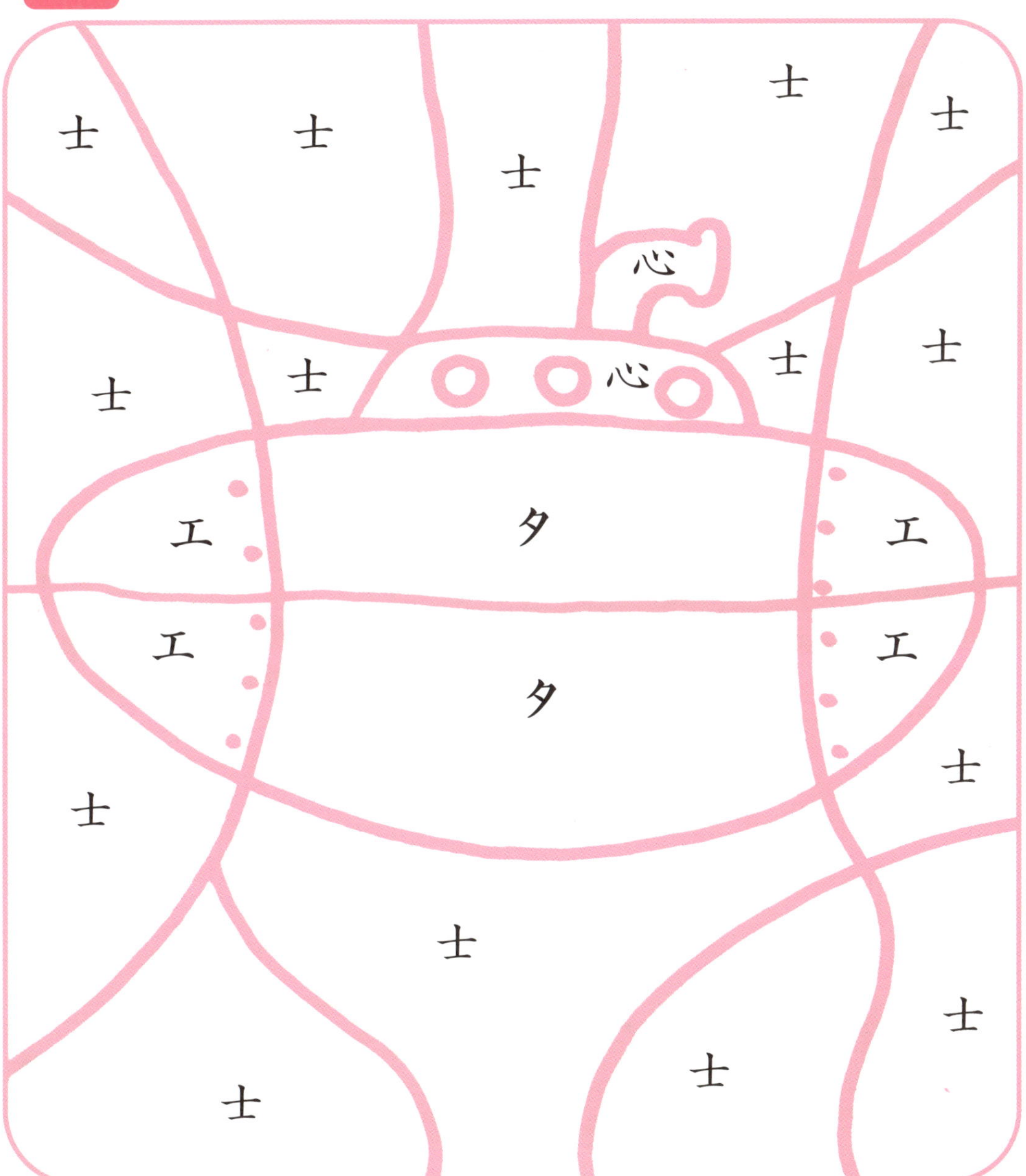

서로 알맞은 것끼리 선을 이으세요.

士　　工　　心　　夕

장인　　선비　　저녁　　마음

사　　공　　심　　석

😊 빈 칸에 알맞은 부수를 쓰세요.

☐ + 士 = 仕

工 + ☐ = 功

奴 + ☐ = 怒

☐ + 夕 = 多

자기 일에 최선을 하는 사람

이번 주에 배울 한자

白	羊	毛	肉
흰 백	양 양	털 모	고기 육

금주평가	읽 기	쓰 기	이번 주는?
	Ⓐ 아주 잘함	Ⓐ 아주 잘함	· 학습방법 ❶ 매일매일 ❷ 가끔 ❸ 한꺼번에 　- 하였습니다.
	Ⓑ 잘함	Ⓑ 잘함	· 학습태도 ❶ 스스로 잘 ❷ 시켜서 억지로 　- 하였습니다.
	Ⓒ 보통	Ⓒ 보통	· 학습흥미 ❶ 재미있게 ❷ 싫증내며 　- 하였습니다.
	Ⓓ 부족함	Ⓓ 부족함	· 교재내용 ❶ 적합하다고 ❷ 어렵다고 ❸ 쉽다고 　- 하였습니다.

♣ 지도 교사가 부모님께

♣ 부모님이 지도 교사께

종합평가	Ⓐ 아주 잘함	Ⓑ 잘함	Ⓒ 보통	Ⓓ 부족함

원 교　　　반 이름　　　전화

지난 주에 배운 한자를 큰 소리로 읽으면서 써 보세요.

선비 사	선비 사	선비 사	선비 사	선비 사
士				

장인 공	장인 공	장인 공	장인 공	장인 공
工				

마음 심	마음 심	마음 심	마음 심	마음 심
心				

저녁 석	저녁 석	저녁 석	저녁 석	저녁 석
夕				

😊 이번 주에 배울 한자를 큰 소리로 읽으세요.

 흰 백(白)에 대해 알아봅시다.

| 白
흰 백 | 백이라고 읽습니다.
희다 또는 밝다는 뜻입니다. |  |

● 빈 칸에 알맞은 글을 쓰세요.

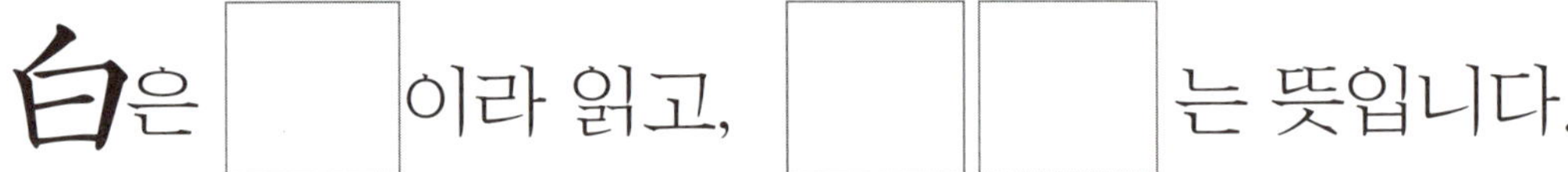

白은 [ ]이라 읽고, [ ][ ] 는 뜻입니다.

白은 해가 밝게 비치는 모양을 본뜬 한자입니다.

● 빈 칸에 알맞은 글을 쓰세요.

白은 [ ]가 밝게 비치는 것을 본뜬 한자입니다.

 필순에 따라 白을 바르게 쓰세요.

총 5획

● 뜻과 음을 소리내어 읽으면서 白을 쓰세요.

흰 백	흰 백	흰 백	흰 백	흰 백
白				

● 빈 칸에 알맞은 한자와 뜻, 음을 쓰세요.

白		
한자	뜻	음

	흰	백
한자	뜻	음

😊 글을 읽고, 白이 나오는 낱말을 알아봅시다.

우리 민족을 白衣(백의) 민족이라고 해요.
흰옷을 즐겨 입어서, 모두 白雪(백설)처럼
마음이 깨끗했다고 해요. 그러나 요즘
나쁜 짓을 하는 사람들이 많아지고 있어요.
다시 흰옷을 즐겨 입는다면 사람들의 마음이
明白(명백)하게 밝아질까요?

● 白衣(백의):흰 옷　● 白雪(백설):하얀 눈
● 明白(명백):분명하고 뚜렷함

😊 빈 칸에 알맞은 한자를 쓰세요.

백	의	백	설	명	백
白	衣	白	雪	明	白
	衣		雪	明	

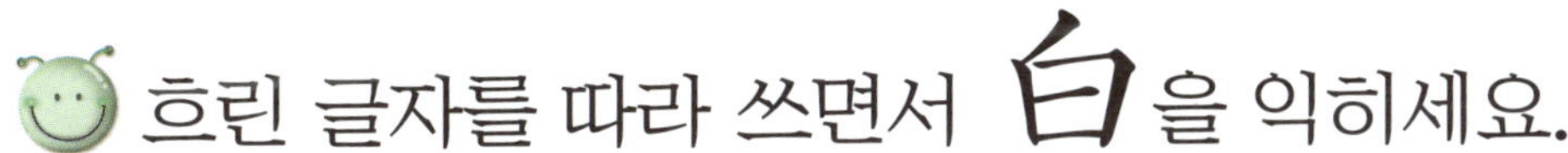

😊 흐린 글자를 따라 쓰면서 白을 익히세요.

白은 백 이라고 읽고, 희다 는 뜻입니다.

白은 밝게 빛나는 해 를 본뜬 한자입니다.

白의 획수는 총 5획입니다.

白이 들어 있는 白부수 의 한자는 흰 것 또는 깨끗한 것 과 관련있습니다.

😊 뜻과 음을 크게 읽으면서 白을 쓰세요.

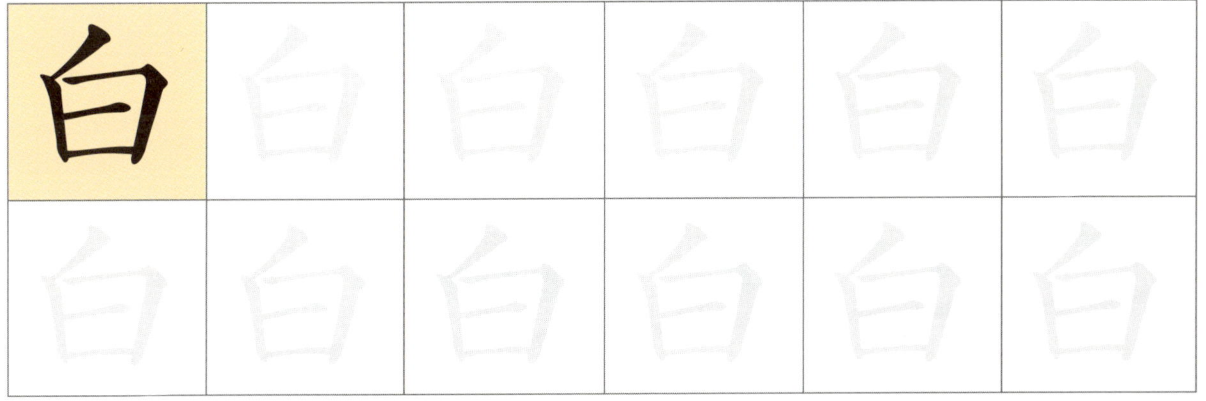

🐛 白부수의 한자를 알아봅시다.

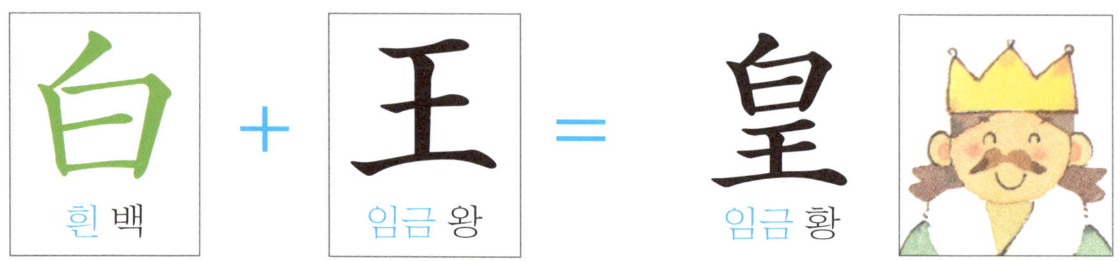

白
흰 백

\+

王
임금 왕

\=

皇
임금 황

임금이 흰 백금 왕관을 쓰면, 황제가 됩니다.

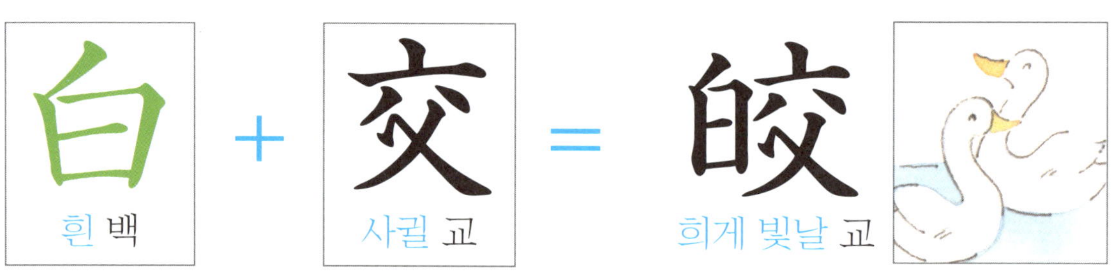

白
흰 백

\+

交
사귈 교

\=

皎
희게 빛날 교

흰 것과 가깝게 지내니 더욱 희게 빛난다는 뜻이 됩니다.

🐛 白부수의 한자를 찾아 ○표 하세요.

忠
충성할 충

皇
임금 황

皎
희게 빛날 교

怒
성낼 노

양 양(羊)에 대해 알아봅시다.

羊
양양

양이라고 읽습니다.
양이라는 뜻입니다.

●빈 칸에 알맞은 글을 쓰세요.

羊은 [ ]이라고 읽고, [ ]이라는 뜻입니다.

羊은 양의 머리 모양을 본뜬 한자입니다.

●빈 칸에 알맞은 글을 쓰세요.

羊은 [ ]의 머리 모양을 본뜬 한자입니다.

총 6획

😊 필순에 따라 羊을 바르게 쓰세요.

●뜻과 음을 소리내어 읽으면서 羊을 쓰세요.

양 양	양 양	양 양	양 양	양 양
羊				

●빈 칸에 알맞은 한자와 뜻, 음을 쓰세요.

羊				양	양
한자	뜻	음	한자	뜻	음

글을 읽고, 羊이 나오는 낱말을 알아봅시다.

운전을 하시던 아버지께서 말씀하셨어요.
"길이 羊腸(양장)같구나."
나는 양장이 무슨 말인지 몰라서 물었습니다.
"양의 창자처럼 꼬불꼬불하다는 뜻이다."
드디어 양 목장에 도착했어요.
삼촌이 羊角(양각)을 다듬다가 소리를 쳤어요.
"현주야, 빨리 와서 羊毛(양모)를 깎아라!"

- 羊腸(양장):양의 내장처럼 꼬불꼬불한 길
- 羊角(양각):양의 뿔 ● 羊毛(양모):양 털

빈 칸에 알맞은 한자를 쓰세요.

양	장	양	각	양	모
羊	腸	羊	角	羊	毛
	腸		角		毛

😊 흐린 글자를 따라 쓰면서 羊을 익히세요.

羊은 양 이라고 읽고, 양 이라는 뜻입니다.

羊은 양의 머리 를 본뜬 한자입니다.

羊의 획수는 총 6획입니다.

羊이 들어 있는 羊부수 의 한자는 양 과 관련있습니다.

😊 뜻과 음을 크게 읽으면서 羊을 쓰세요.

羊	羊	羊	羊	羊
羊	羊	羊	羊	羊

 羊부수의 한자를 알아봅시다.

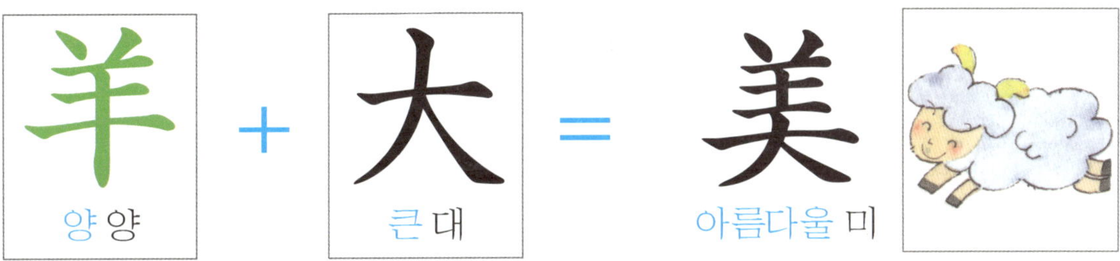

羊　양 양　＋　大　큰 대　＝　美　아름다울 미

양이 자라 크면 살이 쪄 보기에 아름답습니다.

참고 羊이 나오는 한자를 알아봅시다.

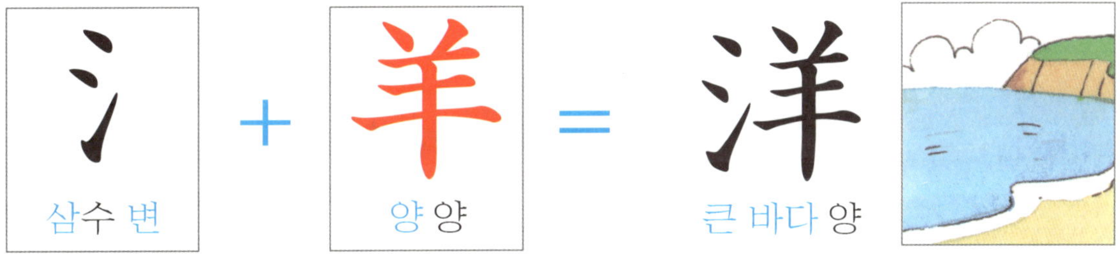

氵　삼수 변　＋　羊　양 양　＝　洋　큰 바다 양

물이 양떼처럼 많이 모여 큰 바다를 이룹니다.
洋은 氵(삼수 변)부수의 한자입니다.

羊부수의 한자를 찾아 ○표 하세요.

皇　　　皎　　　洋　　　美

임금 황　　희게 빛날 교　　큰 바다 양　　아름다울 미

 털 모(毛)에 대해 알아봅시다.

| 毛
털 모 | 모라고 읽습니다.
털이라는 뜻입니다. |  |

● 빈 칸에 알맞은 글을 쓰세요.

毛는  라고 읽고, 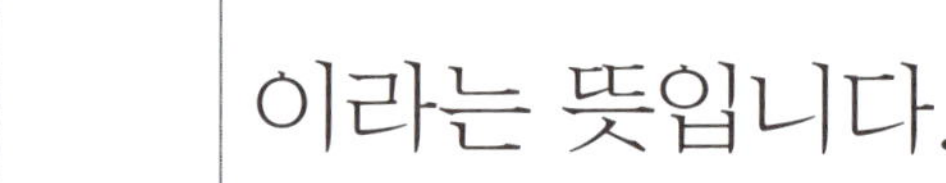 이라는 뜻입니다.

毛는 새의 깃털을 본뜬 한자입니다.

● 빈 칸에 알맞은 글을 쓰세요.

毛는 새의 [ ][ ] 을 본뜬 한자입니다.

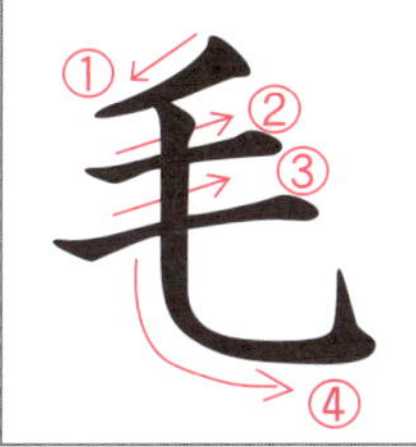 필순에 따라 毛를 바르게 쓰세요.

총 4획

| 毛 | 毛 | 毛 | 毛 | 毛 |

●뜻과 음을 소리내어 읽으면서 毛를 쓰세요.

털 모	털 모	털 모	털 모	털 모
毛				

털 모	털 모	털 모	털 모	털 모
毛				

●빈 칸에 알맞은 한자와 뜻, 음을 쓰세요.

毛				털	모
한자	뜻	음	한자	뜻	음

글을 읽고, 毛가 나오는 낱말을 알아봅시다.

"삼촌, 羊毛(양모)는 깎아서 뭘하죠?"
"응, 옷도 만들고 毛布(모포)도 만들지."
"엄마가 입고 있는 외투도 羊毛로 만든 건가요?"
"아니, 그건 양 毛皮(모피)로 만든 거야."
"와! 양은 우리에게 많은 것을 주는구나."
그 날 저녁상에는 양고기와
양젖으로 만든 요쿠르트가 올라왔어요.

● 양모(羊毛):양 털   ● 모포(毛布):담요
● 모피(毛皮):털 달린 가죽

빈 칸에 알맞은 한자를 쓰세요.

양	모	모	포	모	피
羊	毛	毛	布	毛	皮
羊			布		皮

흐린 글자를 따라 쓰면서 毛를 익히세요.

毛는 모 라고 읽고, 털 이라는 뜻입니다.

毛는 새의 깃털 을 본뜬 한자입니다.

毛의 획수는 총 4 획입니다.

毛가 들어 있는 毛부수 의 한자는 털 과 관련있습니다.

뜻과 음을 크게 읽으면서 毛를 쓰세요.

毛	毛	毛	毛	毛
	毛	毛	毛	毛

😊 毛부수의 한자를 알아봅시다.

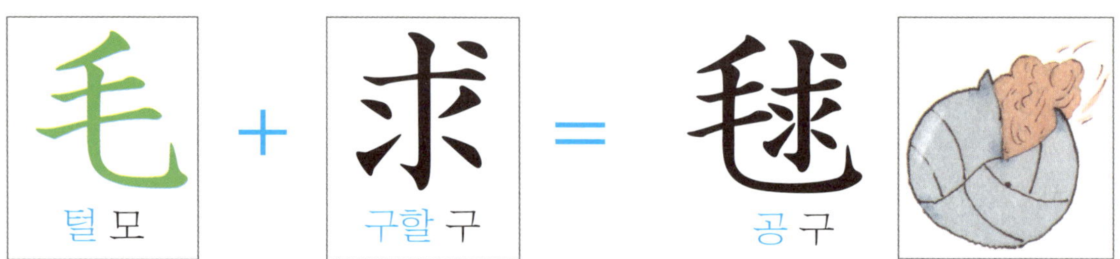

옛날에는 털을 구하여 공 속을 채웠습니다

참고 공 구는 球 모양으로도 통용됩니다.

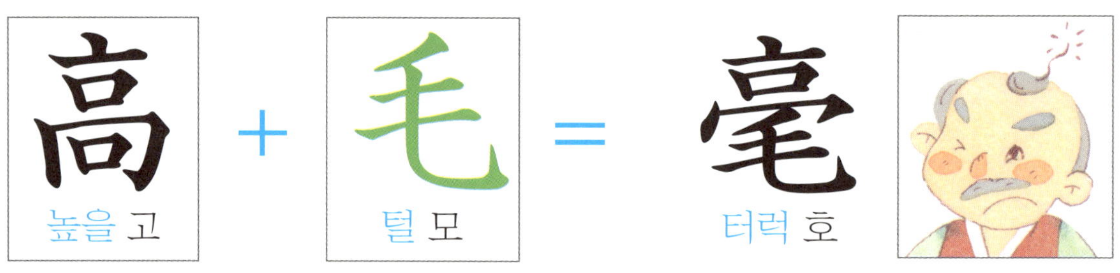

높게 자란 길고 굵은 털을 터럭이라 합니다.

😊 毛부수 한자를 찾아 ○표 하세요.

毫	美	洋	毬
터럭 호	아름다울 미	큰 바다 양	공 구

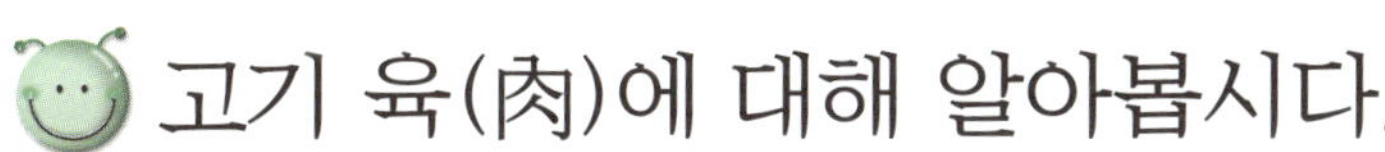

😊 고기 육(肉)에 대해 알아봅시다.

肉
고기 육

육이라고 읽습니다.
고기 또는 몸이라는 뜻입니다.

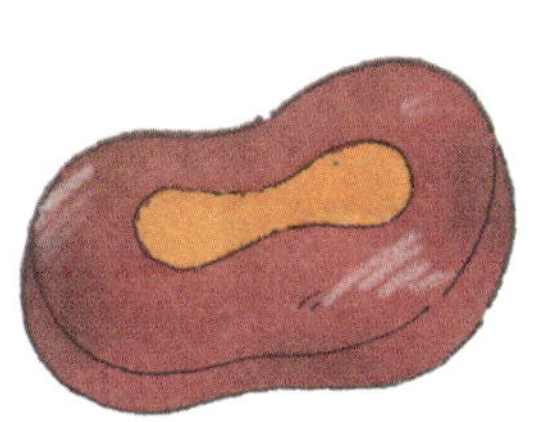

●빈 칸에 알맞은 글을 쓰세요.

肉은 ☐ 이라고 읽고, ☐☐ 라는 뜻입니다.

😊 肉은 짐승의 갈빗대 모양을 본뜬 한자입니다.

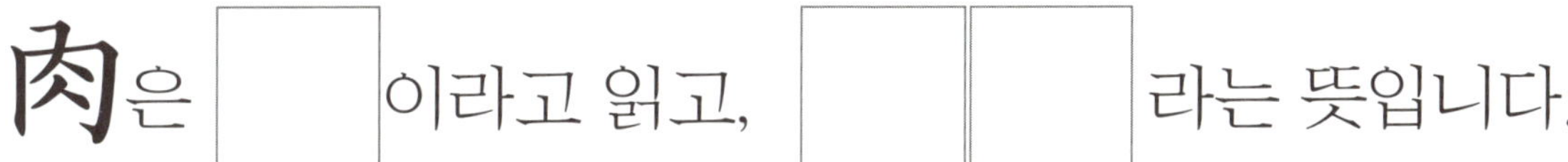

●빈 칸에 알맞은 글을 쓰세요.

肉은 ☐☐☐ 모양을 본뜬 한자입니다.

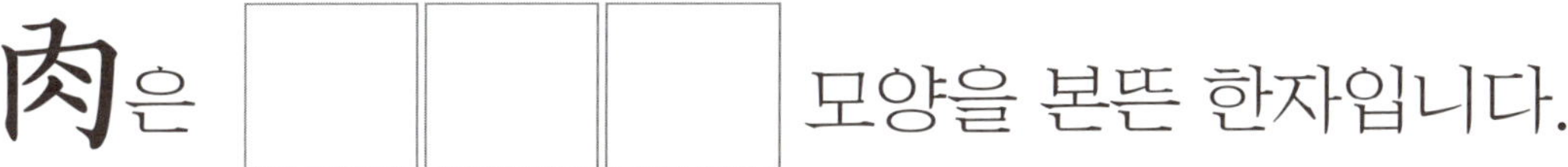

😊 필순에 따라 肉을 바르게 쓰세요.

총 6획

肉

● 뜻과 음을 소리내어 읽으면서 肉을 쓰세요.

고기 육	고기 육	고기 육	고기 육	고기 육
肉				

● 빈 칸에 알맞은 한자와 뜻, 음을 쓰세요.

肉		
한자	뜻	음

	고기	육
한자	뜻	음

😊 글을 읽고, 肉이 나오는 낱말을 알아봅시다.

기탄이는 요즘 운동을 많이 합니다.
'건강한 몸에서 건전한 생각이 나온다.'는
말을 들었기 때문입니다.
肉食(육식)도 많이 하고,
筋肉(근육)도 길렀습니다.
몇달이 지나자, 기탄이의 肉體(육체)는
몰라보게 달라졌습니다.

● 肉食(육식):고기를 먹는 일 ● 筋肉(근육):몸을 이루고 있는 심줄과 살
● 肉體(육체):사람의 몸

😊 빈 칸에 알맞은 한자를 쓰세요.

육	식	근	육	육	체
肉	食	筋	肉	肉	體
	食	筋			體

흐린 글자를 따라 쓰면서 肉을 익히세요.

肉은 육 이라고 읽고, 고기 또는 몸 이라는 뜻입니다.

肉은 갈빗대 를 본뜬 한자입니다.

肉의 획수는 총 6획입니다.

肉은 부수로 사용될 때, 月 로도 바뀌고 몸육부 라고 읽습니다.

달월부 와 모양이 꼭 같습니다.

月부수 의 한자는 몸, 고기 와 관련있습니다.

뜻과 음을 크게 읽으면서, 肉을 쓰세요.

肉				

😊 肉(月) 부수의 한자를 알아봅시다.

月 + 干 = 肝 

몸 육부   방패간(막을간)   간 간

사람이나 동물의 간은 몸 안에 들어오는 독을 막는 일을 합니다.
肉부수는 月로도 씁니다.

去 + 月 = 育 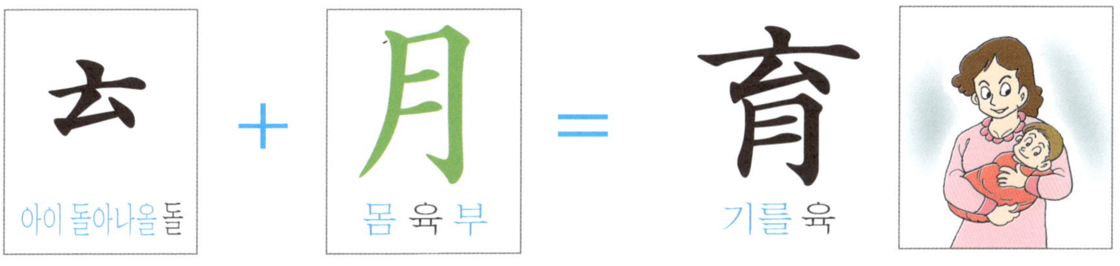

아이 돌아나올 돌   몸 육부   기를 육

갓 태어난 아이(去)의 몸(月)을 돌보아 기릅니다.
참고 去은 子(아들 자)를 거꾸로 한 것입니다.

😊 肉(月)부수의 한자를 찾아 ○표 하세요.

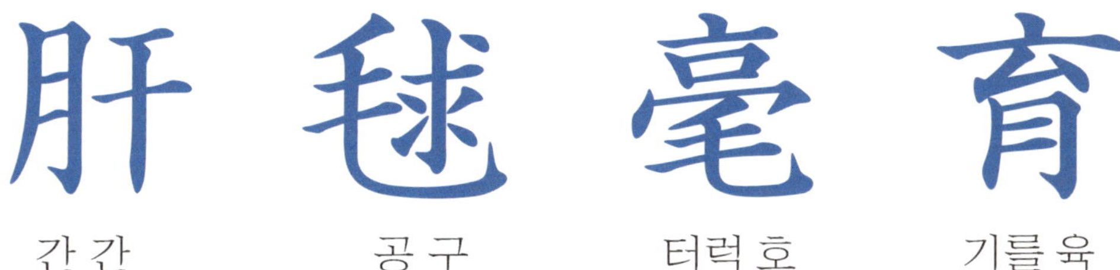

肝   毬   毫   育

간 간   공 구   터럭 호   기를육

뜻과 음을 읽으면서, 이번 주에 배운 한자를 쓰세요.

흰 백	흰 백	흰 백	흰 백	흰 백
白				

양 양	양 양	양 양	양 양	양 양
羊				

털 모	털 모	털 모	털 모	털 모
毛				

고기 육	고기 육	고기 육	고기 육	고기 육
肉				

서로 맞는 것끼리 선을 이어 보세요.

부수가 같은 한자끼리 선을 이으세요.

白
흰 백

羊
양 양

毛
털 모

肉
고기 육

皇
임금 황

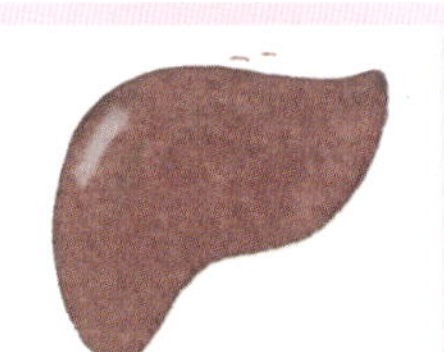

肝
간 간

美
아름다울 미

毬
공 구

빈 칸에 알맞은 한자를 쓰세요.

백	설
	雪

양	모
	毛

모	피
	皮

근	육
筋	

😊 동화를 읽고, 빈 칸에 알맞은 한자를 쓰세요.

겉은 흰데 속은 검구나

까마귀가 썩은 肉類(육류)를 먹고 있었어요.
이것을 보고 羊(양)처럼 하얀 羽毛(우모)를
가진 白鷺(백로)가 까마귀의 흉을 보았어요.
"난 아무리 배가 고파도 썩은 고기는 먹지 않아."
그러나 까마귀는 들은 체도 하지 않고, 썩은 고기를 먹었어요.
白鷺는 은근히 배가 고파서 자기도 먹고 싶었지만, 자존심 때문에
그럴 수 없었어요. 白鷺는 너무 배가 고파서 친구의 먹이를
슬쩍 훔쳐서 먹었어요.
"야! 너 뭐하는 거야?"
그만 까마귀에게 들키고 말았어요.
까마귀가 白鷺를 보고 비웃었어요.
"흥, 넌 겉은 흰데, 속은 검구나."
白鷺는 아무 대꾸도 할 수 없었어요.

흰 백	양 양	털 모	고기 육

보기에 따라 색칠하세요.

보기 白:노랑색, 羊:파랑색, 毛:초록색, 肉: 빨강색

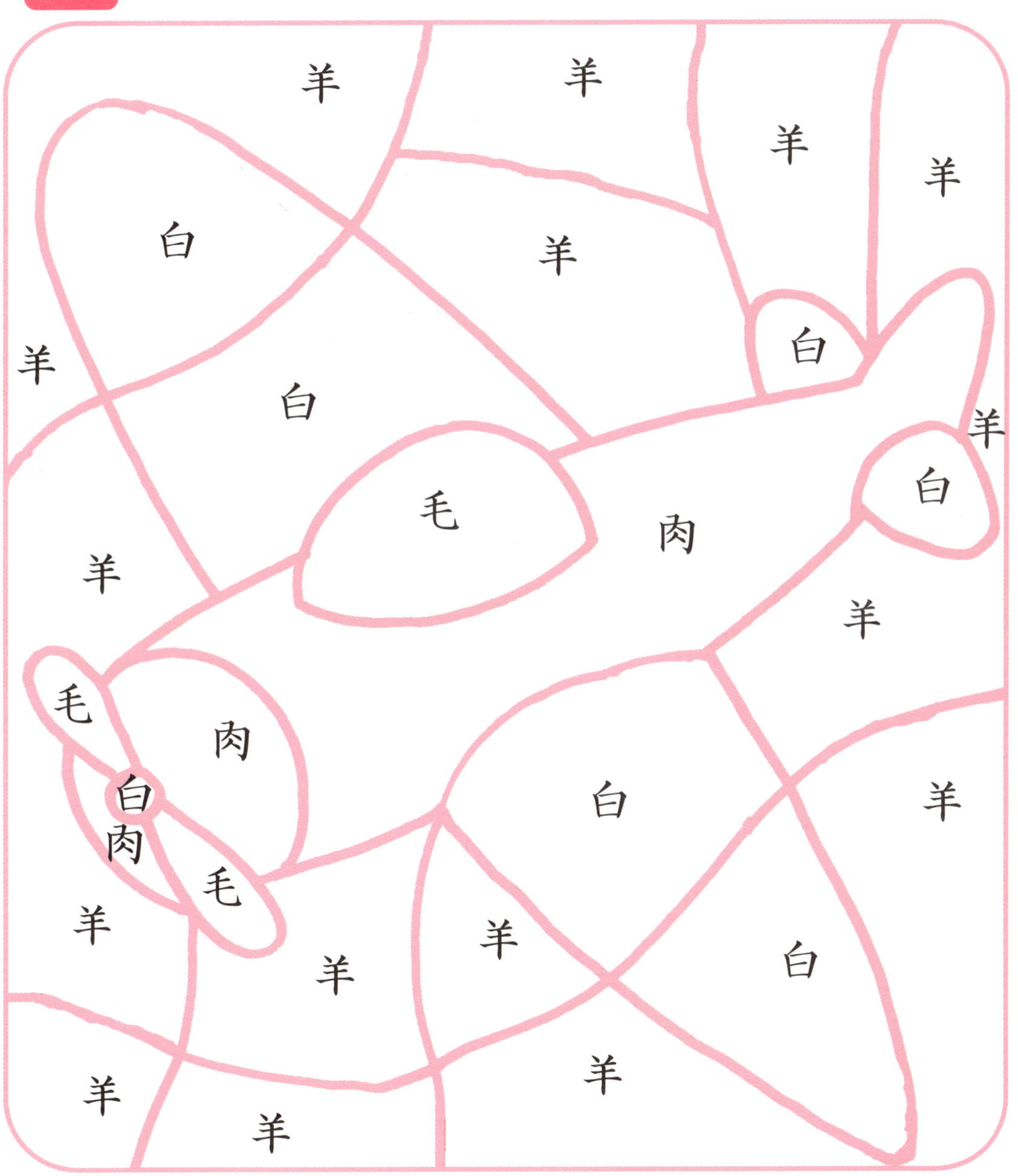

서로 알맞은 것끼리 선을 이으세요.

白　羊　毛　肉

고기　양　털　흰

양　백　육　모

빈 칸에 알맞은 부수를 쓰세요.

☐ + 王 = 皇

☐ + 大 = 美

☐ + 求 = 毬

☐ + 干 = 肝

얼마나 속을 썩여 드렸으면

A 단계 교재 A106a-A120b

이번 주에 배울 한자

刀	乙	入	貝
칼 도	새 을	들 입	조개 패

금주평가	읽 기	쓰 기	이번 주는?
	Ⓐ 아주 잘함	Ⓐ 아주 잘함	·학습방법 ① 매일매일 ② 가끔 ③ 한꺼번에 - 하였습니다.
	Ⓑ 잘함	Ⓑ 잘함	·학습태도 ① 스스로 잘 ② 시켜서 억지로 - 하였습니다.
	Ⓒ 보통	Ⓒ 보통	·학습흥미 ① 재미있게 ② 싫증내며 - 하였습니다.
	Ⓓ 부족함	Ⓓ 부족함	·교재내용 ① 적합하다고 ② 어렵다고 ③ 쉽다고 - 하였습니다.

♣ 지도 교사가 부모님께

♣ 부모님이 지도 교사께

종합평가	Ⓐ 아주 잘함	Ⓑ 잘함	Ⓒ 보통	Ⓓ 부족함

원교　　　반 이름　　　전화

지난 주에 배운 한자를 큰 소리로 읽으면서 써 보세요.

흰 백	흰 백	흰 백	흰 백	흰 백
白				

양 양	양 양	양 양	양 양	양 양
羊				

털 모	털 모	털 모	털 모	털 모
毛				

고기 육	고기 육	고기 육	고기 육	고기 육
肉				

😊 이번 주에 배울 한자를 큰 소리로 읽으세요.

貝 조개 패

乙 새 을

刀 칼 도

入 들 입

 칼 도(刀)에 대해 알아봅시다.

| 刀
칼 도 | 도라고 읽습니다.
칼이라는 뜻입니다. |  |

● 빈 칸에 알맞은 글을 쓰세요.

刀는 ☐ 라고 읽고, ☐ 이라는 뜻입니다.

刀는 칼 모양을 본뜬 한자입니다.

● 빈 칸에 알맞은 글을 쓰세요.

刀는 ☐ 모양을 본뜬 한자입니다.

 필순에 따라 刀를 바르게 쓰세요.

총 2획

刀	刀	刀	刀	刀

● 뜻과 음을 소리내어 읽으면서 刀를 쓰세요.

칼 도	칼 도	칼 도	칼 도	칼 도
刀				

칼 도	칼 도	칼 도	칼 도	칼 도
刀				

● 빈 칸에 알맞은 한자와 뜻, 음을 쓰세요.

刀		
한자	뜻	음

	칼	도
한자	뜻	음

 글을 읽고, **刀**가 나오는 낱말을 알아봅시다.

영주는 검도 선수입니다.
오빠가 短刀(단도)를 내밀면서 말했습니다.
"영주야, 刀法(도법)을 배웠으니,
과일도 잘 깎을 수 있겠지?"
"오빠는 刀工(도공)이면서,
검도와 식칼도 구분 못 해?"
영주가 화를 냈습니다.

- 短刀(단도):짧은 칼   ● 刀法(도법):칼 쓰는 법
- 刀工(도공):칼을 만드는 사람

빈 칸에 알맞은 한자를 쓰세요.

단	도	도	법	도	공
短	刀	刀	法	刀	工
短			法		工

😊 흐린 글자를 따라 쓰면서 **刀**를 익히세요.

> **刀**는 도 라고 읽고, 칼 이라는 뜻입니다.
>
> **刀**는 칼 모양 을 본뜬 한자입니다.
>
> **刀**의 획수는 총 2 획입니다.
>
> **刀**부수가 한자의 오른 쪽에 올 때는, 刂 로 모양이 바뀌고
>
> 칼 도 방 또는 선 칼 도 라고 읽습니다.
>
> **刀** 또는 刂가 들어 있는 부수의 한자는 칼 과 관련 있습니다.

😊 뜻과 음을 크게 읽으면서, 刀를 쓰세요.

刀	刀	刀	刀	刀	刀
	刀	刀	刀	刀	刀

🐞 刀부수의 한자를 알아봅시다.

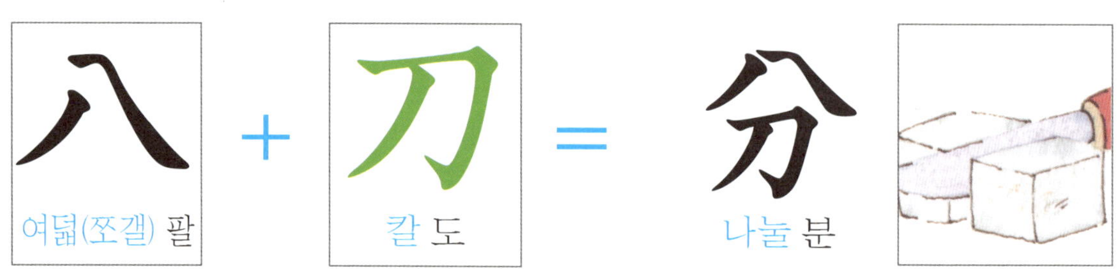

八 + 刀 = 分

여덟(쪼갤) 팔　　칼 도　　나눌 분

칼로 쪼개어 나눈다는 뜻이 됩니다.

참고 八(팔)은 쪼갠다는 뜻이 있습니다.

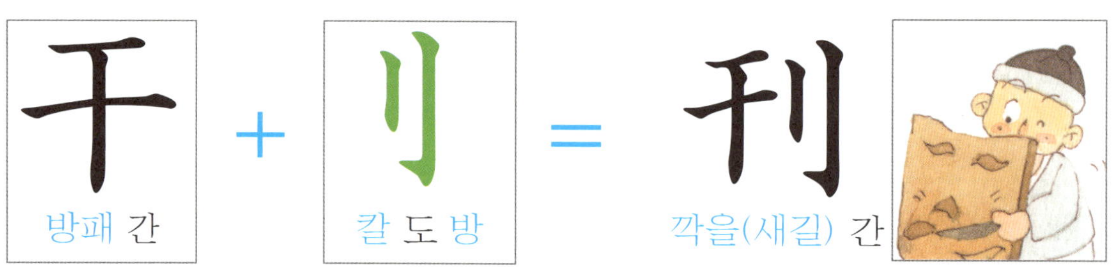

干 + 刂 = 刊

방패 간　　칼 도방　　깍을(새길) 간

방패를 칼로 깎아 무언가를 새긴다는 뜻입니다.

참고 刀부수는 刂로도 씁니다.

🐞 刀(刂)부수의 한자를 찾아 ○표 하세요.

肝　　刊　　育　　分

간 간　　깎을(새길) 간　　기를 육　　나눌 분

🐛 새 을(乙)에 대해 알아봅시다.

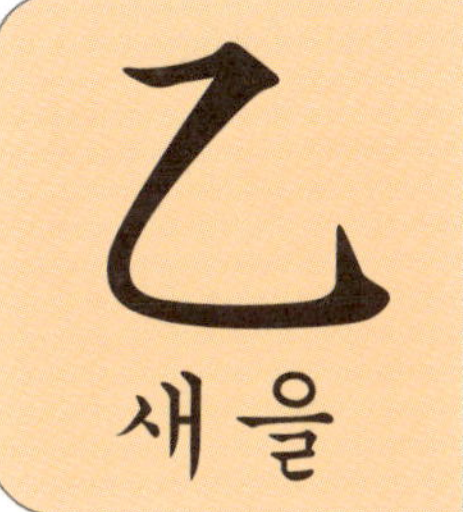

乙
새 을

을이라고 읽습니다.
새라는 뜻입니다.

● 빈 칸에 알맞은 글을 쓰세요.

乙은 [ ]이라고 읽고, [ ]라는 뜻입니다.

🐛 乙은 새 모양을 본뜬 한자입니다.

● 빈 칸에 알맞은 글을 쓰세요.

乙은 [ ] 모양을 본뜬 한자입니다.

 필순에 따라 乙을 바르게 쓰세요.

총 1획

| 乙 | 乙 | 乙 | 乙 | 乙 |

●뜻과 음을 소리내어 읽으면서 乙을 쓰세요.

새 을	새 을	새 을	새 을	새 을
乙				

새 을	새 을	새 을	새 을	새 을
乙				

●빈 칸에 알맞은 한자와 뜻, 음을 쓰세요.

乙		
한자	뜻	음

	새	을
한자	뜻	음

글을 읽고, 乙이 나오는 낱말을 알아봅시다.

창수 형이 풀이 죽은 모습으로 들어 왔습니다.
군 입대 신체 검사를 받고 오는 길이었어요.
"창수야, 왜 그러니?"
어머니께서 물었습니다.
"乙種(을종)을 받았지 뭐예요."
"甲乙(갑을) 중에서?"
그 후로 창수 형은 매일 乙時(을시)에 일어나 아침 운동을 합니다.

- 乙種(을종):두번 째 등급   ● 甲乙(갑을):첫번 째와 두번 째
- 乙時(을시):오전 6시 반부터 7시 반까지의 사이

빈 칸에 알맞은 한자를 쓰세요.

을	종	갑	을	을	시
乙	種	甲	乙	乙	時
	種	甲			時

😊 흐린 글자를 따라 쓰면서 乙을 익히세요.

乙은 을 이라 읽고, 새 라는 뜻입니다.

乙은 날아가는 새 를 본뜬 한자입니다.

乙의 획수는 총 1 획입니다.

乙이 들어 있는 乙부수 의 한자는 새 와 관련있습니다.

😊 뜻과 음을 크게 읽으면서 乙을 쓰세요.

乙	乙	乙	乙	乙	乙
	乙	乙	乙	乙	乙

乙부수의 한자를 알아봅시다.

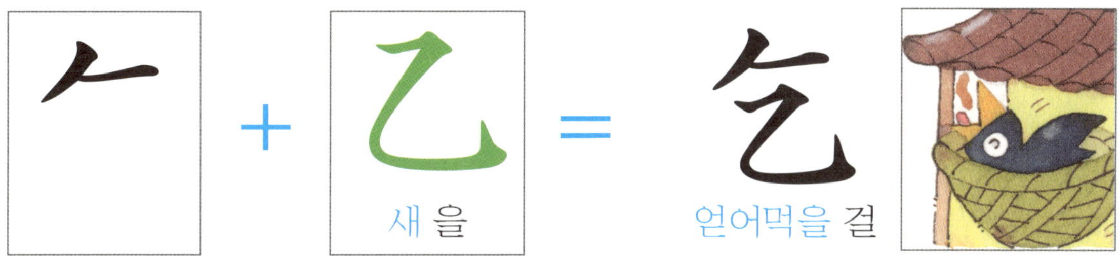

乚 + 乙 = 乞

새 을   얻어먹을 걸

새가 처마 밑에서 모이를 얻어먹는다는 뜻입니다.

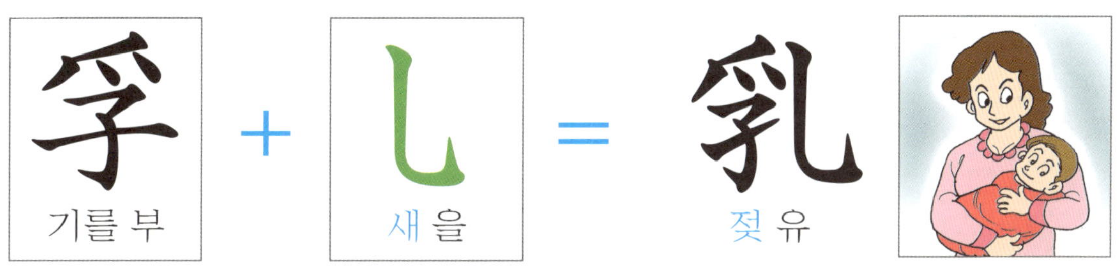

孚 + 乚 = 乳

기를 부   새 을   젖 유

새를 모이를 주어 기르는 것처럼 아기를 젖을 먹여 기릅니다.
乚 은 乙(새 을)의 변형된 모양입니다.

乙부수의 한자를 찾아 ○표 하세요.

乞   乳   刊   分

얻어먹을 걸   젖 유   새길 간   나눌 분

🐛 들 입(入)에 대해 알아봅시다.

入
들 입

입이라고 읽습니다.
들어간다는 뜻입니다.

●빈 칸에 알맞은 글을 쓰세요.

入은 ☐ 이라 읽고, ☐ ☐ ☐ ☐ 는 뜻.

🐛 入은 굴의 입구를 본뜬 한자입니다.

●빈 칸에 알맞은 글을 쓰세요.

入은 ☐ 의 입구를 본뜬 한자입니다.

😊 필순에 따라 入을 바르게 쓰세요.

총 2획

●뜻과 음을 소리내어 읽으면서 入을 쓰세요.

들입	들입	들입	들입	들입
入				

들입	들입	들입	들입	들입
入				

●빈 칸에 알맞은 한자와 뜻, 음을 쓰세요.

入		
한자	뜻	음

	들	입
한자	뜻	음

🐛 글을 읽고, 入이 나오는 낱말을 알아봅시다.

기탄이와 현주는 영화를 보러 극장에 갔습니다.
入場(입장)하기 위해서
많은 사람들이 줄을 서 있었습니다.
"굉장하구나. 극장 收入(수입)이 엄청나겠다."
"얘, 입만 벌리고 있지 말고, 빨리 들어가자."
극장 入口(입구)는 사람들로
발 딛을 곳이 없이 붐볐습니다.

- 入場(입장):극장이나 경기장 안으로 들어감
- 收入(수입):벌어들이는 돈 ● 入口(입구):들어가는 곳

🐛 빈 칸에 알맞은 한자를 쓰세요.

입	장		수	입		입	구
入	場		收	入		入	口
	場		收				口

😊 흐린 글자를 따라 쓰면서 入을 익히세요.

入은 입 이라 읽고, 들어간다 는 뜻입니다.

入은 굴의 입구 를 본뜬 한자입니다.

入의 획수는 총 2획입니다.

入이 들어 있는 入부수 의 한자는 들어가는 것 과 관련있습니다.

😊 뜻과 음을 크게 읽으면서, 入을 쓰세요.

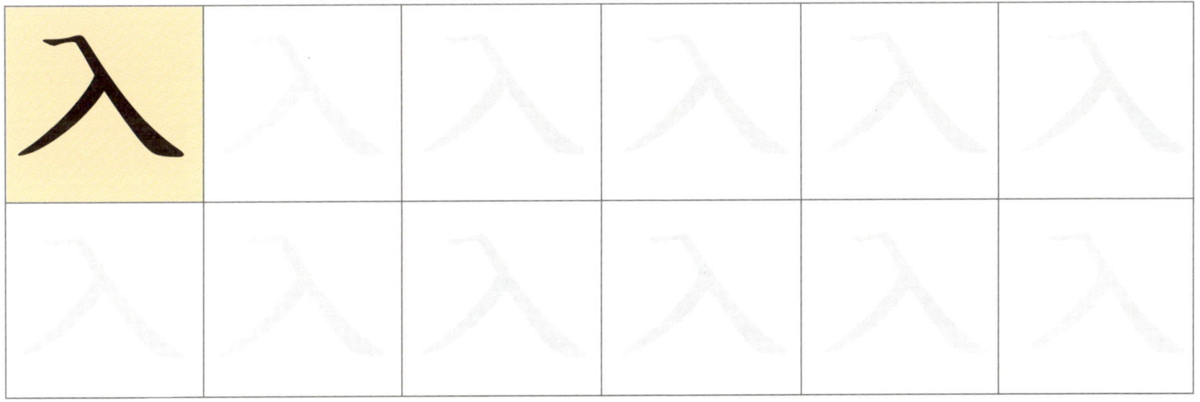

入부수의 한자를 알아봅시다.

入 들 입 + 王 임금 왕 = 全 온전할 전

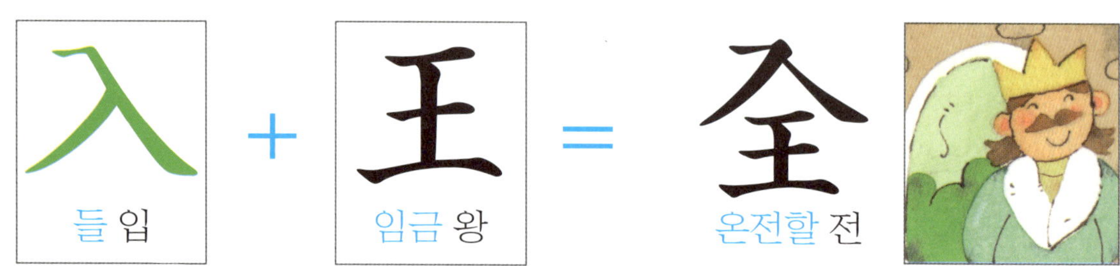

임금님이 들어오니 비로소 나라가 온전해집니다.

冂 멀 경 몸 + 入 들 입 = 內 안 내

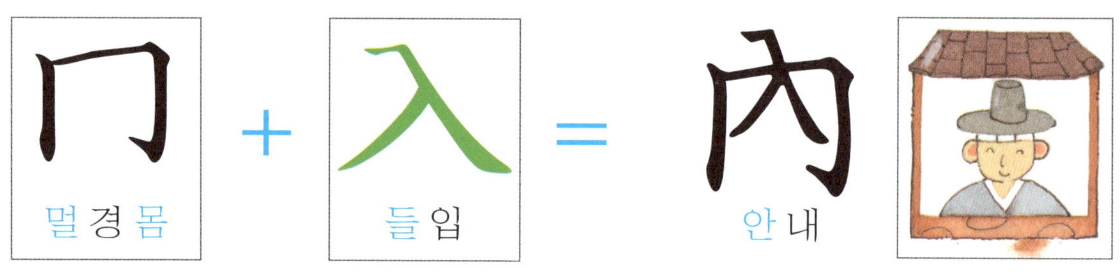

사람이 집 안으로 들어간 모양의 한자입니다.

入부수의 한자를 찾아 ○표 하세요.

乳 젖 유　內 안 내　全 온전할 전　乞 얻어먹을 걸

🐛 조개 패(貝)에 대해 알아봅시다.

패라고 읽습니다.
조개라는 뜻입니다.

● 빈 칸에 알맞은 글을 쓰세요.

貝는 [ ] 라고 읽고, [ ][ ] 라는 뜻입니다.

🐛 貝는 조개껍질 모양을 본뜬 한자입니다.

● 빈 칸에 알맞은 글을 쓰세요.

貝는 [ ][ ] 껍질 모양을 본뜬 한자입니다.

필순에 따라 貝를 바르게 쓰세요.

총 7획

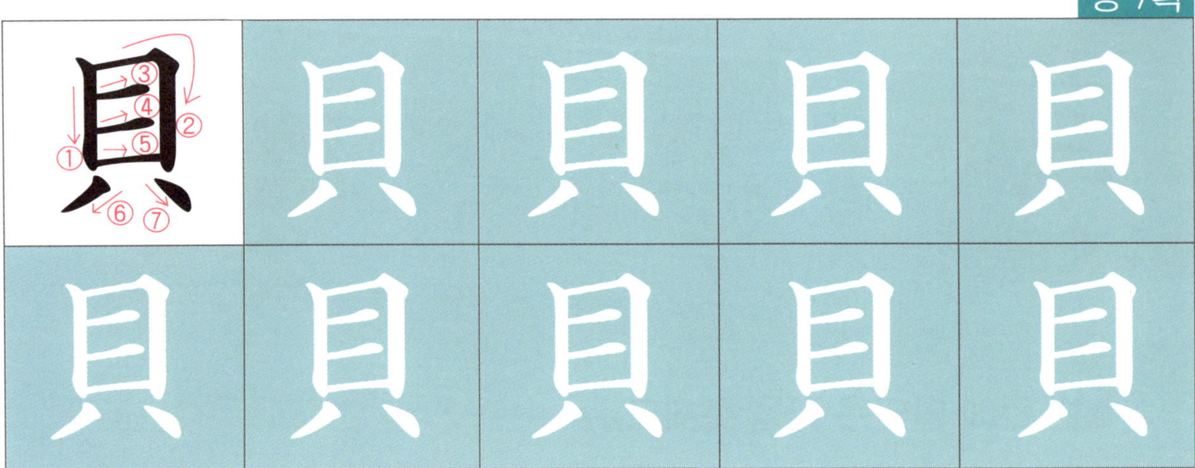

● 뜻과 음을 소리내어 읽으면서 貝를 쓰세요.

조개 패	조개 패	조개 패	조개 패	조개 패
貝				

● 빈 칸에 알맞은 한자와 뜻, 음을 쓰세요.

貝		
한자	뜻	음

	조 개	패
한자	뜻	음

🐛 글을 읽고, **貝**가 나오는 낱말을 알아봅시다.

어제 텔레비전 뉴스를 보았습니다.
아나운서가 魚貝(어패)류를
꼭 익혀 먹으라고 당부했습니다.
비브리오균 때문이라고 합니다.
또 김해에서 貝塚(패총)이 발견된 뉴스와 함께
빈 집에서 貝物(패물)을 훔쳐가는 도둑들이
극성을 부린다는 소식도 전했습니다.

● 魚貝(어패) : 물고기와 조개 ● 貝塚(패총) : 고대인들이 조개를 까 먹고 버린 조개 껍질 무덤 ● 貝物(패물) : 산호나 호박, 수정 따위로 만든 귀한 보물

🐛 빈 칸에 알맞은 한자를 쓰세요.

어	패	패	총	패	물
魚	貝	貝	塚	貝	物
魚			塚		物

흐린 글자를 따라 쓰면서 貝를 익히세요.

貝는 패 라 읽고, 조개 라는 뜻입니다.

貝는 조개껍질 을 본뜬 한자입니다.

貝의 획수는 총 7 획입니다.

貝가 들어 있는 貝부수 의 한자는 주로 돈 과 관련있습니다.

뜻과 음을 크게 읽으면서, 貝를 쓰세요.

貝	貝	貝	貝	貝

 貝부수의 한자를 알아봅시다.

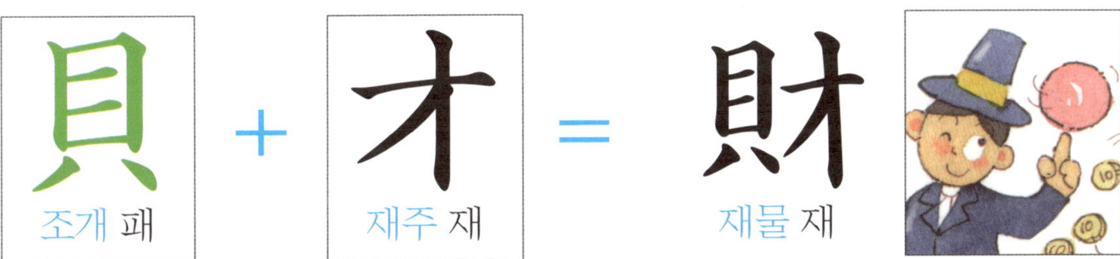

貝 조개 패 + 才 재주 재 = 財 재물 재

재주를 부려 돈(조개껍질)을 모은다는 뜻입니다.

참고 옛날에는 조개껍질을 돈으로 사용했음.

分 나눌 분 + 貝 조개 패 = 貧 가난할 빈

여러 사람이 돈(조개껍질)을 나누어 가지니 가난해집니다.

貝부수 한자를 찾아 ○표 하세요.

財 재물 재

內 안 내

貧 가난할 빈

全 온전할 전

뜻과 음을 읽으면서, 이번 주에 배운 한자를 쓰세요.

칼 도	칼 도	칼 도	칼 도	칼 도
刀				

새 을	새 을	새 을	새 을	새 을
乙				

들 입	들 입	들 입	들 입	들 입
入				

조개 패	조개 패	조개 패	조개 패	조개 패
貝				

🐛 서로 맞는 것끼리 선을 이어 보세요.

부수가 같은 한자끼리 선을 이으세요.

刀
칼 도

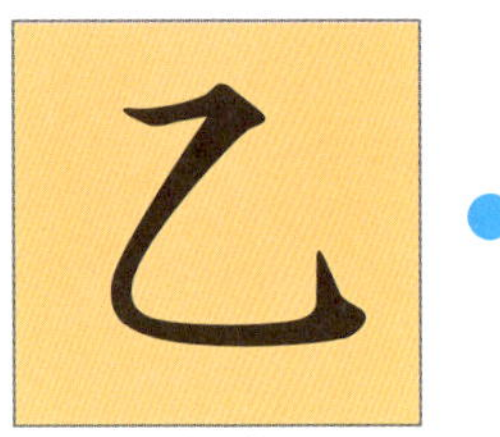
乙
새 을

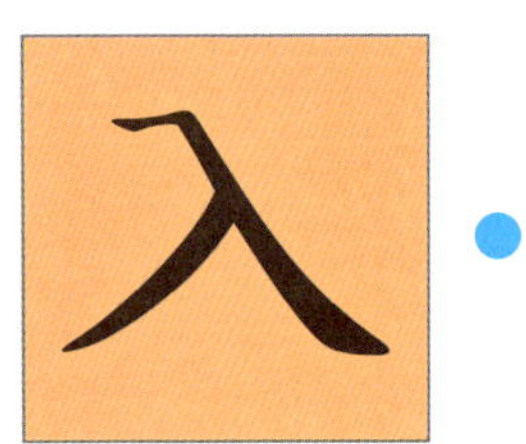
入
들 입

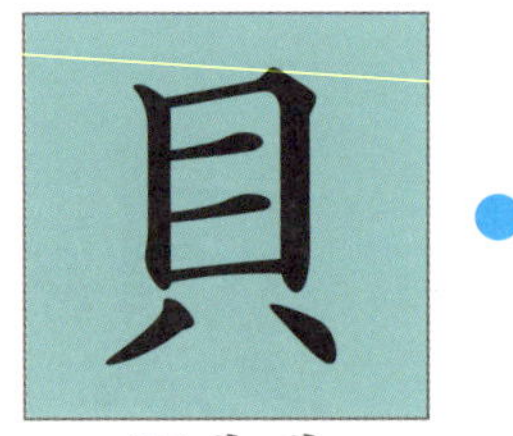
貝
조개 패

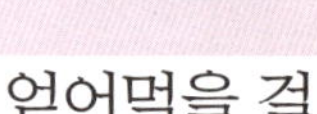
乞
얻어먹을 걸

內
안 내

貧
가난할 빈

分
나눌 분

빈 칸에 알맞은 한자를 쓰세요.

단	도
短	

갑	을
甲	

입	구
	口

패	총
	塚

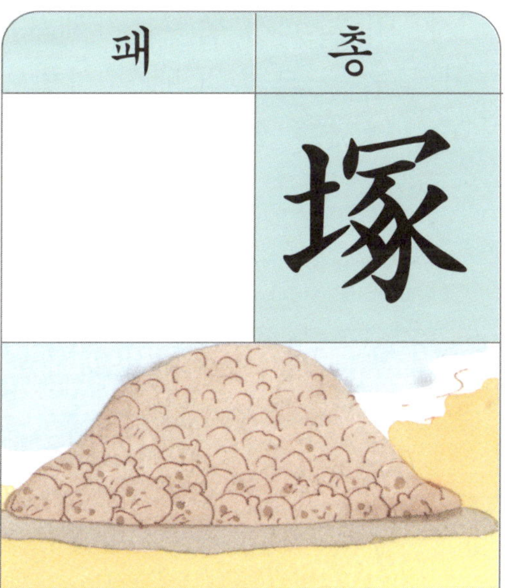

동화를 읽고, 빈 칸에 알맞은 한자를 쓰세요.

살 때 마음과 팔 때 마음은 달라요

시장에서 魚貝(어패)류를 파는 할머니가 있었어요.
할머니는 늘 작은 食刀(식도)를 들고, 물고기를 다듬었어요.
그리고 물고기 도매상에서 사람이 나오면,
물고기를 사서 일반 사람들에게 되팔았어요.
할머니는 도매상 사람에게 이렇게 따지곤 했어요.
"이 물고기는 乙種(을종)이에요. 눈이 또렷하지 못한 게 잡은 지
오래된 고기가 분명하니, 값을 깎아 주세요."
도매상 사람은 어쩔 수 없이 고기 값을 깎아 주었어요.
할머니는 이 물고기들을 사서, 가게 入口(입구)로 지나가는
손님들에게 말했어요.
"자! 이 물고기 좀 사 가세요. 아주 싱싱한 것이랍니다."
이 모습을 보고 도매상 사람이 혀를 찼어요.
"흥, 언제는 잡은 지 오래된 물고기라더니."

조개 패	새 을	칼 도	들 입

보기에 따라 색칠하세요.

보기 刀:분홍색, 乙:초록색, 入:노랑색, 貝: 빨강색

서로 알맞은 것끼리 선을 이으세요.

刀　乙　入　貝

새　들　칼　조개

패　입　을　도

이 달에 배운 한자를 다시 한 번 써 보세요.

大 큰 대				白 흰 백			
小 작을 소				羊 양 양			
牛 소 우				毛 털 모			
力 힘 력				肉 고기 육			
士 선비 사				刀 칼 도			
工 장인 공				乙 새 을			
夕 저녁 석				入 들 입			
心 마음 심				貝 조개 패			

한석봉
기탄 한자
A120b

😊 봐야 알지요

얘야, 貝塚 入口까지 가려면 얼마나 걸리지?
그냥 쭉 걸어가 보세요.
뭐?
버릇 없는 아이군,
어른이 물으면 바르게 대답 해야지!
할아버지, 1시간이면 도착할 거예요,
응? 진작 말하지!

글쎄, 그냥 걸어가 보시라니까요,
정말 못된 아이로군, 씩씩.
할아버지 걸음 속도를 몰랐으니까요,
아하!

뜻과 음을 쓰고, 한자를 바르게 써 보세요.

한자					
山	뜻				
	음				
川	뜻				
	음				
人	뜻				
	음				
土	뜻				
	음				
日	뜻				
	음				
月	뜻				
	음				
木	뜻				
	음				
石	뜻				
	음				

뜻과 음을 쓰고, 한자를 바르게 써 보세요.

水	뜻				
	음				
火	뜻				
	음				
子	뜻				
	음				
女	뜻				
	음				
口	뜻				
	음				
耳	뜻				
	음				
手	뜻				
	음				
目	뜻				
	음				

뜻과 음을 쓰고, 한자를 바르게 써 보세요.

大	뜻 음	大	大	大	大
小	뜻 음	小	小	小	小
牛	뜻 음	牛	牛	牛	牛
力	뜻 음	力	力	力	力

뜻과 음을 쓰고, 한자를 바르게 써 보세요.

土	뜻	土	土	土	土
	음				
工	뜻	工	工	工	工
	음				
夕	뜻	夕	夕	夕	夕
	음				
心	뜻	心	心	心	心
	음				

뜻과 음을 쓰고, 한자를 바르게 써 보세요.

白	뜻 음	白	白	白	白
羊	뜻 음	羊	羊	羊	羊
毛	뜻 음	毛	毛	毛	毛
肉	뜻 음	肉	肉	肉	肉

뜻과 음을 쓰고, 한자를 바르게 써 보세요.

刀	뜻 음	刀	刀	刀	刀
乙	뜻 음	乙	乙	乙	乙
入	뜻 음	入	入	入	入
貝	뜻 음	貝	貝	貝	貝

뜻과 음을 읽으면서 부수 한자를 써 보세요.

天	大부수 한자 하늘 천				
少	小부수 한자 적을 소				
牧	牛부수 한자 기를 목				
努	力부수 한자 힘쓸 노				
志	心부수 한자 뜻 지				
功	力부수 한자 공 공				
多	夕부수 한자 많을 다				
忠	心부수 한자 충성할 충				

뜻과 음을 읽으면서 부수 한자를 써 보세요.

皇	白부수 한자				
	임금 황				
洋	氵(水)부수 한자				
	큰바다 양				
毬	毛부수 한자				
	공 구				
肝	肉(月)부수 한자				
	간 간				
分	刀부수 한자				
	나눌 분				
乞	乙부수 한자				
	얻어먹을 걸				
內	入부수 한자				
	안 내				
財	貝부수 한자				
	재물 재				